古文觀止

冊二

〔清〕吴楚材　吴調侯　編著

北京聯合出版公司

古文觀止

冊二

（清）吳楚材 吳調侯 編著

北京聯合出版公司

子革對靈王

昭公十二年《左傳》

題解 楚靈王很有野心，想稱霸諸侯，他以此事詢問子革。起初，子革並不反駁，采取欲擒故縱的方法，使靈王說出了自己的全部想法。然後，借祭公謀父勸阻周穆王的史事勸說靈王應量力而行，否則後果會不堪設想。但是，靈王無法克制自己的野心，不聽從子革的勸說，終于招致禍患。

原文 楚子狩于州來[1]，次于潁尾[2]，使蕩侯、潘子、司馬督、囂尹午、陵尹喜帥師圍徐[3]以懼吳。楚子次于乾溪[4]，以爲之援。

雨雪，王皮冠、秦復陶[5]、翠被、豹舄[6]，執鞭以出。僕析父[7]從。右尹子革夕[8]，王見之。去冠、被，舍鞭，與之語曰：「昔我先王熊繹，與呂伋、王孫牟、燮父、禽父並事康王[9]。四國皆有分，我獨無有。今吾使人于周，求鼎以爲分，王其與我乎？」對曰：「與君王哉！昔我先王熊繹，辟在荆山[10]，篳路[11]藍縷，以處草莽；跋涉

吳楚材、吳調侯：以桃爲弓，以棘爲矢，爲天子共御不祥之事。寫楚與周疏遠。

山林，以事天子；唯是桃弧棘矢，以共御王事。齊，王舅也；晉及魯衛，王母弟也。楚是以無分，而彼皆有。今周與四國，服事君王，將唯命是從，豈其愛鼎？」王曰：「昔我皇祖伯父昆吾[12]，舊許[13]是宅。今鄭人貪賴其田，而不我與。我若求之，其與我乎？」對曰：「與君王哉！周不愛鼎，鄭敢愛田？」王曰：「昔諸侯遠我而畏晉，今我大城陳、蔡、不羹[14]，賦皆千乘，子與有勞焉。諸侯其畏我乎？」對曰：「畏君王哉！是四國者，專足畏也，又加之以楚，敢不畏君王哉！」

工尹路請曰：「君王命剝圭以爲戚柲[15]，敢請命。」王入視之。析父謂子革：「吾子，楚國之望也。今與王言如響，國其若之何？」子革曰：「摩厲以須[16]。王出，吾刃將斬矣！」

吳楚材、吳調侯：子革以鋒刃自喻。言我自摩厲以待王出，將此利刃斬王之淫慝。又生一問答作波，始知前僕析父從一句，非浪筆。

王出，復語。左史倚相趨過。王曰：「是良史也！子善視之。

吳楚材、吳調侯：首叙次于乾溪，何等意氣，此以辱字結之，最有味。惜哉，靈王能聽而不能克，以終及于難也。

是能讀《三墳》、《五典》、《八索》、《九丘》⑰。」對曰：「臣嘗問焉。昔穆王欲肆其心，周行天下，將皆必有車轍馬跡焉。祭公謀父⑱作《祈招》之詩以止王心，王是以獲沒于祇宮。臣問其詩而不知也。若問遠焉，其焉能知之？」王曰：「子能乎？」對曰：「能。其《詩》曰：『祈招之愔愔，式昭德音。思我王度，式如玉，式如金。形民之力，而無醉飽之心。』」

王揖而入。饋不食，寢不寐，數日。不能自克，以及于難。

愛民興國

楚王說：「從前我們先王熊繹和呂伋、王孫牟、燮父、禽父共同服侍康王。」伯禽，姓姬，字伯禽，亦稱禽父，周公旦長子，被成王封爲魯國的第一任國君。此圖說的是成王教授伯禽治國之道。

仲尼曰：「古也有志：『克己復禮，仁也。』信善哉！楚靈王若能如是，豈其辱于乾溪？」

注釋

①狩：冬獵。州來：楚地名，在今安徽鳳臺。②次：駐扎。潁尾：潁水入淮河的地方稱潁尾，在今安徽潁上東南。③徐：國名，在楚、吳之間，今江蘇泗洪東南。④乾溪：地名，在今安徽亳縣東南。⑤秦復陶：秦國所贈可防雨雪的羽衣。⑥豹舄：豹皮做的鞋子。⑦僕析父：楚大夫。⑧右尹：楚官名。子革：鄭大夫子然的兒子，名丹，由鄭入楚。⑨熊繹：楚國最初受封的國君。呂伋：齊太公呂尚的兒子。王孫牟：衛國始封之君康叔的兒子。燮父：晉國始封之君唐叔的兒子。禽父：周公的兒子，名伯禽，始封于魯。康王：指周康王。⑩荆山：在今湖北南漳西。⑪篳路：柴車。⑫皇祖伯父昆吾：楚國遠祖季連之兄名昆吾，因有伯父之稱。⑬許：國名，在今河南許昌。⑭陳：國名，在今河南淮陽一帶。蔡：國名，在今河南上蔡東南一帶。不羹：楚地名，有東西二邑，東邑在今河南舞陽西北，西邑在今河南襄城東南。⑮圭：古玉器。戚：斧。柲：柄。⑯摩厲：通「磨礪」。須：等待。

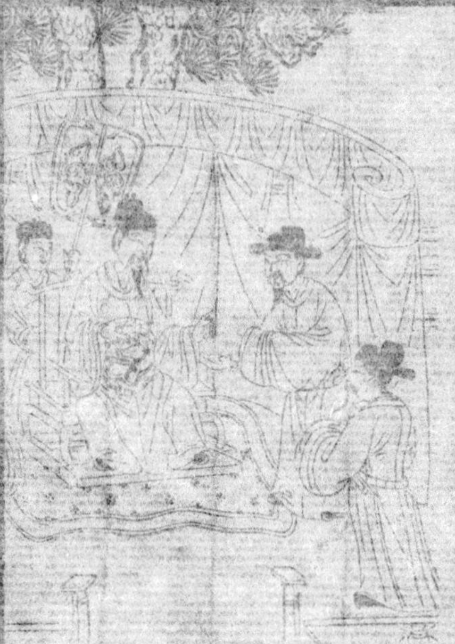

⑰《三墳》、《五典》、《八索》、《九丘》：傳説記載三皇、五帝、八卦、九州島的古書。⑱祭公謀父：周朝的卿士。

譯文 楚靈王在州來狩獵，駐扎在潁尾。派蕩侯、潘子、司馬督、囂尹午、陵尹喜率領軍隊把徐國包圍以使吳國畏懼。楚靈王駐扎在乾溪，作爲他們的後援。

天下着雪，楚王戴着皮帽，穿着秦國的羽衣，翠羽披肩，脚着豹皮鞋，手拿鞭子走了出來。太僕析父跟在身旁。右尹子革傍晚進見，楚靈王接見他。脱去帽子、披肩，丢下鞭子，同他談話，説：「從前我們先王熊繹和呂伋、王孫牟、燮父、禽父共同服侍康王。四國都有珍寶的分賜，衹有我國沒有。現在我派人到周王室去，請求把寶鼎作爲分賜之物，周王會答應嗎？」子革答道：「會的！從前我們先王熊繹住在偏僻的荆山，駕柴車穿破衣，從雜草中開辟道路；跋山涉水來侍奉天子；衹能把桃木弓、棗木箭作爲奉獻給天子的禮物。齊國是周天子的舅父；晋國及魯國、衛國是周天子的同胞兄弟。楚國因此沒有得到賞賜，而他們都有。現在周朝同四方諸侯都歸順君王您，他們將完全聽從您的命令，難道還敢吝惜一個大鼎嗎？」楚靈王説：「從前我皇祖伯父昆吾，居住在原

來的許國。現在鄭國人貪求這些土地的利益，而不肯還給我們。我們若是要求，他們會歸還我們嗎？」子革回答説：「會給君王的，周朝不敢愛惜寶鼎，鄭國怎敢愛惜土地？」楚靈王説：「先前諸侯疏遠我國而害怕晋國，現在我修築陳國、蔡國、不羹這些土地上的城牆，戰車都有千輛，你也有功勞。諸侯會害怕我嗎？」子革回答説：「當然害怕君王您！就這四國，已足可怕了，再加楚國，諸侯哪敢不怕您啊！」

工尹路向楚靈王請命説：「君王命令剝析玉圭裝飾斧柄，謹請指示怎麼做。」楚靈王進去察看。析父對子革説：「您是楚國受敬仰的人。今天同君王説話如同他的回聲，國家還怎麼辦？」子革説：「我磨好刀等着。君王來，我的刀就將斬去他的邪念。」

楚靈王出來，子革繼續和他談話。左史倚相快步走過。楚靈王説：「這是個好史官，您好好對待他。這個人能讀《三墳》、《五典》、《八索》、《九丘》。」子革説：「我曾經問他。從前周穆王想實現他的野心，周遊天下，想到處都一定要有他的車轍馬跡。祭公謀父寫下《祈招》之詩，用來勸阻穆王的欲望，穆王因此得以在祇宫終老。臣問這首詩他就不知道。如果問他年代久遠的事，他又怎會知

⑰《三墳》《五典》《八索》《九丘》：傳說記載三皇、五帝、八卦、九州的古書。⑱祭公謀父：周朝的卿士。

【譯文】

楚靈王在州來狩獵，駐扎在穎尾，派蕩侯、潘子、司馬督、囂尹午、陵尹喜率領軍隊包圍徐國以便使吳國恐懼。楚靈王駐扎在乾谿，作為他們的後援。

天下着雪，楚王戴着皮帽，穿着秦國的羽衣，翠羽披肩，腳着豹皮鞋，手拿鞭子走了出來。太僕析父跟在身旁。右尹子革傍晚進見，楚靈王接見他，脫去帽子、披肩，丟下鞭子，同他談話，說：「從前我們先王熊繹和呂伋、王孫牟、燮父、禽父共同服侍康王。四國都有珍寶的分賜，獨有我國沒有。現在我派人到周王室去，請求把寶鼎作為分賜之物，周王會答應嗎？」子革答道：「會的！從前我們先王熊繹住在偏僻的荊山，乘柴車穿破衣，從雜草中開辟道路；跋山涉水來侍奉天子：祇能把桃木弓、棗木箭作為奉獻給天子的禮物。齊國是周天子的舅父；晉國及魯國、衛國是周天子的同胞兄弟。楚國因此沒有得到賞賜，而他們都有。現在周朝同四方諸侯都歸順君王您，他們將完全聽從您的命令，難道還敢吝惜一個大鼎嗎？」楚靈王說：「從前我皇祖伯父昆吾，居住在原來的許國。現在鄭國人貪求這些土地的利益，而不肯還給我們。我們若是要求，他們會歸還我們嗎？」子革回答說：「會給君王的。周朝不敢愛惜寶鼎，鄭國怎敢愛惜土地？」楚靈王說：「先前諸侯疏遠我國而害怕晉國，現在我修築陳國、蔡國、不羹這些土地上的城牆，兵車都有千輛，你也有功勞。諸侯會害怕我嗎？」子革回答說：「當然害怕君王您！就這四國，已足可怕了，再加楚國諸侯哪敢不怕您啊！」

工尹路向楚靈王請命說：「君王命令剖開圭玉裝飾斧柄，請指示怎麼做。」楚靈王進去察看。析父對子革說：「您是楚國受敬仰的人。今天同君王說話如同他的回聲，國家還有希望嗎？」子革說：「我磨好刀等着。君王來，我的刀就將斬去他的邪念。」

楚靈王出來，子革繼續和他談話。左史倚相快步走過。楚靈王說：「這是個好史官，您好好對待他。這個人能讀《三墳》《五典》《八索》《九丘》。」子革說：「我曾經問他，從前周穆王想實現他的野心，周遊天下，想到處都一定要有他的車轍馬跡。祭公謀父寫下《祈招》之詩，用來勸阻穆王的欲望，穆王因此得以在祇宮壽終。臣問這首詩他就不知道。如果問他年代久遠的事，他又怎會知

致敬神祇

楚靈王說：「昔我先王熊繹，與呂伋、王孫牟、燮父、禽父並事康王。」周康王克遵前業，敬恭神人四夷，賓服來貢，海內晏然，百姓興于禮儀，天下安寧。

道？」楚靈王說：「能。那首詩說：『祈求得到安靜和悅，昭顯有德者的聲音。想我們君王的風度，就像玉，像金。他保全百姓的力量，而自己沒有縱欲之心。』」

楚靈王向子革拱拱手就進去了。飯吃不下，覺睡不着，這樣子好幾天。但無法克制自己，因而招到禍難。

孔子說：「古時候有記載：『克制自己回復到禮，就是仁。』說得眞好啊！楚靈王如果能做到這一點，哪裏還會在乾溪受到羞辱？」

子産論政寬猛

昭公二十年《左傳》

題解

子産認爲，施政應剛柔並濟，但衹有有德者能够以寬仁治民，而德行略差者施政當以剛猛爲主。繼子産主政的大叔，起初不忍嚴厲而施行寬仁的政策，但效果不佳，盜賊橫行。後來改行嚴厲的政策。子産剛柔相濟的施政方式與孔子的儒家觀點是一致的，孔子稱他的仁愛有古人遺風。

原文

鄭子産有疾，謂子大叔①曰：「我死，子必爲政。唯有德者能以寬服民，其次莫如猛。夫火烈，民望而畏之，故鮮死焉。水懦弱，民狎②而玩之，則多死焉，故寬難。」疾數月而卒。

大叔爲政，不忍猛而寬。鄭國多盜，取人于萑苻之澤。大叔悔之，曰：「吾早從夫子，不及此。」興徒兵以攻萑苻之盜，盡殺之。盜少止。

仲尼③曰：「善哉！政寬則民慢，慢則糾之以猛。猛則民殘，殘則施之以寬。寬以濟猛，猛以濟寬，政是以和。《詩》④曰：『民亦勞止，汔⑤可小康，惠此中國，以綏⑥四方。』施之以寬也。『毋從詭隨⑦，以謹無良，式⑧遏寇虐，慘⑨不畏明。』糾之以猛也。『柔遠能邇，以定

吳楚材、吳調侯：着不忍二字，便是婦人之仁，非眞能寬也。

吳楚材、吳調侯：言今民亦勞甚矣，其可以小安之乎。當加惠于京師，以綏安夫諸夏之人。

我王。』平之以和也。又曰：『不競不絿⑩，不剛不柔，布政優優⑪，百祿是遒⑫。』和之至也。」

及子產卒，仲尼聞之，出涕曰：「古之遺愛也。」

注釋　①子大叔：指遊吉，鄭簡公、鄭定公時爲卿。定公八年（前五二二年）接替子產任鄭國執政。②狎：輕忽。③仲尼：孔子，名丘，字仲尼。④《詩》：指《詩經·大雅·民勞》。⑤汔：庶幾，差不多，表示希望。⑥綏：安定。⑦詭隨：欺詐叫詭，善變叫隨。⑧式：用在句首的語氣詞，無實在意義。⑨慘：通「憯」，意思與「曾經」相近。⑩絿：急。⑪優優：平和狀。⑫遒：積聚。

譯文　鄭大夫子產有病，對子大叔說：「我死後，你必然執政。衹有有德之人能夠以寬大來使百姓服從，那德行次一等的人不如嚴厲些。火很猛烈，百姓看見就害怕，所以，很少有人死于火中。水很柔弱，人們因親近喜歡而輕視它，于是就有很多人死在水裏，因而寬柔很難。」子產病了幾個月後死了。

大叔執政，不忍心嚴厲而施政寬仁。結果，鄭國強盜很多，他們聚集在蘆葦塘。大叔很懊悔，說：「我早聽先生的話，就不至于到這一步。」于是調動步兵去攻打水澤的盜賊，將他們全部殺死。強盜稍有收斂。

孔子說：「好啊！施政寬仁，百姓就輕慢；輕慢，就要用嚴厲的政策來糾正。但是，太嚴厲了，百姓就要受到傷害，受到摧殘就必須以寬柔的政策來調和。用寬大調和嚴厲，又用嚴厲調和寬大，政事因此而調和。《詩經》上說：『百姓辛勞，可使安康，賜恩給中原，安撫四方。』這是實施寬柔政策。又說：『不放縱阿諛之人，以此約束不良之人，遏制盜賊暴虐，他們從不畏懼法律。』這是說用嚴厲來糾正。又說：『安撫邊遠，懷柔近處，安定我王室。』這是說用和諧使國家安定。又說：『不急不緩，不剛不柔，施政從容，百福臨頭。』這是和諧的最高境界！」

等到子產死了，孔子得到消息，流着眼淚說：「他的仁愛是古人仁愛的遺風啊！」

吳許越成　哀公元年《左傳》

題解　春秋末期，地處東南方的吳越兩國連年交戰，成爲世仇，魯定公四十年（前

四九四年），吳王闔閭被越王勾踐打敗，受傷而死。兩年以後，吳王夫差在夫椒擊敗越國，爲父親報了仇。這時，越王勾踐派人請和，夫差想答應此事，但吳國大夫伍子胥卻認爲不可，因此極力勸阻夫差。這篇文章記述的就是伍子胥勸阻吳王時的言辭，他以古比今，態度懇切，但是吳王驕傲自大，目空一切，根本聽不進伍子胥的勸告。

吳楚材、吳調侯：人之植德，如植木焉，欲其滋長。人之去惡，如治病然，欲其淨盡。

原文

吳王夫差敗越于夫椒①，報檇李②也。遂入越。越子以甲楯③五千保于會稽，使大夫種因吳太宰嚭以行成④。吳子將許之。

伍員曰⑤：「不可。臣聞之：『樹德莫如滋⑥，去疾莫如盡。』昔有過澆殺斟灌以伐斟鄩⑦，滅夏后相⑧。后緡方娠⑨，逃出自竇⑩，歸于有仍⑪，生少康⑫焉，爲仍牧正⑬。惎澆能戒之⑭。澆使椒⑮求之，逃奔有虞⑯，爲之庖正⑰，以除其害。虞思于是妻之以二姚⑱，而邑諸綸⑲，有田一成，有衆一旅。能布其德，而兆其謀⑳，以收夏衆，撫其官職；使女艾諜澆㉑，使季杼誘豷㉒，遂滅過、戈，復禹之績。祀夏配天，不

失舊物。今吳不如過，而越大于少康，或將豐之，不亦難乎？勾踐能親而務施㉓，施不失人，親不棄勞，與我同壤而世爲仇讎。于是乎克而弗取，將又存之，違天而長寇讎㉔，後雖悔之，不可食已。姬㉕之衰也，日可俟也㉖。介㉗在蠻夷，而長寇讎，以是求伯㉘，必不行矣。」

弗聽。退而告人曰：「越十年生聚，而十年教訓，二十年之外，吳其爲沼㉙乎！」

吳楚材、吳調侯：生民聚財，富而後教，吳必爲越所滅，而宮室廢壞，當爲污池。直是目見，非爲懸斷。

注釋

①夫差：春秋末年吳國國君，闔閭之子，前四九五年—前四七三年在位，因越國滅吳而自殺。夫椒：山名，位于今江蘇太湖中。②檇李：地名，位于進浙江嘉興西南。越王勾踐曾在此擊敗吳王闔閭，闔閭受傷而死。③越子：指越國國君勾踐，前四九六年—前四六五年在位，曾被吳國打敗，後包羞忍恥，發憤圖强，最終滅掉了吳國。甲楯：身穿鎧甲，手拿盾牌的士兵。楯，通「盾」。④大夫種：越國大夫文種，曾幫助越王勾踐滅吳國，但後來被勾踐賜死。因：通過。太宰嚭：吳國太宰伯嚭，爲夫差所寵幸。⑤伍員：字子胥，本是楚國大夫伍奢

之子，後父兄被楚王所殺，他隻身逃往吳國，幫助吳王闔閭奪得王位，被任命爲大夫，後又輔佐吳王夫差，最後被夫差賜死。⑥滋：滋潤灌溉。⑦過：夏朝時一個封國，位于今山東掖縣北部一代。澆：人名，東夷族首領寒浞之子。斟灌、斟鄩，夏朝時諸侯。⑧相：夏朝君主，據說是夏朝開國君主啓的孫子。傳説夏王太康的王位被東夷族首領后羿奪去，後來寒浞殺死后羿，取代夏朝，夏王相投奔斟灌、斟鄩，寒浞命人滅斟灌、斟鄩，殺死相。⑨后緡：夏后相之妻。娠：懷孕。⑩竇：孔、洞。⑪有仍：夏朝時封國，位于今山東濟寧縣。后緡是有仍國首領之女。⑫少康：夏后相之子。⑬牧正：掌管畜牧的官員。⑭惎：憎恨。戒：警戒、防備。⑮椒：澆手下的大臣。⑯有虞：傳説中的古代部落，舜帝就曾經是這個部落的首領，夏朝建立之後，舜的後代被封于此。⑰庖正：負責膳食的官員。⑱虞思：虞國的國君。二姚：虞思的兩個女兒，有虞氏爲姚姓。⑲綸：地名，位于今河南虞城東南。⑳兆：開始。㉑女艾：少康手下大臣。諜：暗地觀察。㉒季杼：少康之子。豷：寒浞之子，澆之弟。㉓親：親近。施：施加恩惠。㉔長：助長。寇讎：仇敵。㉕姬：吳國與周王朝同姓，是姬姓國。㉖日可俟也：猶言指日可待。俟，等待。㉗介：處在其中。㉘伯：通「霸」，霸主。㉙沼：池子。這裏指吳國滅亡之後，將會變成池沼。

伍子胥

吳王夫差在夫椒擊敗越國，越王勾踐派人請和，夫差想答應此事，但吳國大夫伍子胥却認爲不可。

譯文

吳王夫差率領軍隊在夫椒這個地放打敗了越國軍隊，報了父親闔閭在檇李敗亡的仇。于是就趁着這股勢頭進攻越國。越國的國王勾踐率領身穿鎧甲手持盾牌的士兵五千人退守在會稽山，他派大夫文種到吳國去，通過吳國的太宰伯嚭向吳王表達求和的意思。吳王想答應夫差的請求。

伍子胥對吳王說：「千萬不能答應啊！我聽人說過，『培養樹立美好的品德，一定要辛勤地滋潤灌溉；去除禍害，一定要把禍根拔掉。』以前夏朝時過國的澆，殺死了斟灌之後又去攻打斟鄩，殺死了夏王相。這時相的妻子后緡剛剛懷孕，于是就從城牆的小洞裏面逃走，回到了有仍，生下了少康。少康

日後成了有仍國的牧正。他對澆非常痛恨，也能保持警惕和戒備。澆派椒到處尋找少康，少康逃到了有虞國，在那裏當了庖正，以此來躲避災禍。虞思把自己的兩個女兒嫁給了少康，把綸邑給他做封地，有田地一成，方圓不過十里，有一旅士兵，人數不超過五百。不過他能夠很好地施行德政，並且開始謀劃，準備搜羅夏朝的餘部，讓他們爲自己服務；他派手下的大臣女艾到澆那裏去訪查消息，派另一位大臣季舒去引誘澆的弟弟豷，讓他犯錯，最終滅亡了過國、戈國，逐漸恢復了夏禹所建立的功業。使夏朝的祖先得到了祭祀，配享天帝，延續了夏朝的統序。如今吳國在實力上不如過國，但越國的勢力卻比少康還強，假如讓越國變得更加強大，吳國就會吃不消？勾踐身爲越國國君，能夠親近自己的臣民，也很注意對他們施加恩惠；肯于施加恩惠，就不會失去民心；肯于親近臣民，就不會忽視有功的人；越國與吳國的土地相連，世代都是仇人。如今我們打敗了勾踐，卻不但不把他消滅，還想讓他得到保全，這是違背天命、助長仇敵的行爲，日後恐怕後悔都來不及了。吳國姬姓的衰亡，恐怕沒有幾天可等了。我們吳國地處蠻夷之間，現在又去幫助仇敵，讓敵人的實力得到增長，用這樣的方法來圖謀霸業，是不行的。」

吳王不肯聽從伍子胥的意見。伍員退出以後，對別人說道：「越國用十年的時間來生養子弟、積累財富，再用十年的時間對這些人進行教育和訓練，二十年以後，吳國的宮殿恐怕就會變成池沼了！」

卷三 周文

《國語》簡介

《國語》作者至今已無法確考，相傳爲春秋時期左丘明。左丘明因目盲，故又稱「盲左」，是春秋時魯國史官，與孔子同時，亦作《左傳》。其生平事不詳，僅從《論語·公冶長》裏知道孔子對他很敬佩。

從《國語》看，作者的思想以儒家爲主，尤其是儒家的民本思想，貫穿全書始終。《國語》是我國第一部國別體史書，分周、魯、齊、晉、鄭、楚、吴、越八國，有重點地記載了一些重要歷史人物的言論、活動。其中多客觀記叙，作者的主觀評判大都依靠形象描寫在叙述中體現出來。《國語》以記言爲主，運用的是接近當時的口語，邏輯嚴密，表現力强，並長于通過對話表現人物的個性，塑造人物形象。

今本《國語》共二十一卷，記載了自周穆王征犬戎至韓、趙、魏三國瓜分晉國共五百多年的史事，其中《周語》三卷、《魯語》二卷、《齊語》一卷、《晉語》九卷、《鄭

語》一卷、《楚語》二卷、《吴語》一卷、《越語》二卷。漢、唐時，有人認爲《國語》與《左傳》同傳《春秋》，稱《左傳》爲「内傳」，《國語》爲「外傳」，因此，《國語》又有「春秋外傳」之稱。

祭公諫征犬戎

周語上《國語》

題解 周穆王以不進貢爲借口，打算征討犬戎。祭公勸阻他，認爲如有諸侯不來朝貢，周王應先自反省德行，修明政治，以德服人。若再有諸侯不朝覲，才可討伐。穆王並未聽從，執意出征犬戎，没有取得成功，還造成了遠方諸侯不再來朝貢的後果。

原文 穆王將征犬戎[1]，祭公謀父[2]諫曰：「不可。先王耀德不觀兵[3]。夫兵戢而時動[4]，動則威；觀則玩，玩則無震。是故周文公之《頌》[5]曰：『載[6]戢干戈，載櫜[7]弓矢。我求懿德，肆于時夏[8]，允王[9]保之。』先王之于民也，茂[10]正其德而厚其性，阜[11]其財求而利其器用，明利害之鄉[12]，以文[13]修之，使務利而避害，懷德而畏威，故能保世以滋大。

吴楚材、吴調侯：此言耀德不觀兵之效。下乃轉入周世。

商中宗修德

國君有德，諸侯才會來朝拜。商中宗通過修德，使國家復興，遠方外國也仰慕商的德義。

「昔我先世後稷⑭，從服事虞、夏⑮。乃夏之衰也，棄稷弗務，我先王不窋⑯用失其官，而自竄于戎、翟之間。不敢怠業，時序其德，纂修其緒⑰，修其訓典，朝夕恪勤，守以惇篤，奉以忠信，奕世載德⑱，不忝⑲前人。至于武王，昭前之光明而加之以慈和，事神保民，莫不欣喜。商王帝辛⑳，大惡于民。庶民弗忍，欣戴武王，以致戎于商牧㉑。是先王非務武也，勤恤民隱，而除其害也。

「夫先王之制，邦內甸服㉒，邦外侯服㉓，侯、衛賓服㉔，夷、蠻要服㉕，戎、翟荒

吴楚材、吴調侯：以上結完先王無觀兵于遠國之事，下方説到穆王身上。

服㉖。甸服者祭㉗，侯服者祀㉘，賓服者享㉙，要服者貢㉚，荒服者王㉛。日祭、月祀、時享、歲貢、終王㉜，先王之訓也。有不祭，則修意；有不祀，則修言；有不享，則修文；有不貢，則修名；有不王，則修德；序成而有不至，則修刑。于是乎有刑不祭，伐不祀，征不享，讓不貢，告不王。于是乎有刑罰之辟，有攻伐之兵，有征討之備，有威讓之令，有文告之辭。布令陳辭而又不至，則又增修于德，無勤民于遠。是以近無不聽，遠無不服。

「今自大畢、伯仕㉝之終也，犬戎氏以其職來王。天子曰：『予必以不享征之，且觀之兵。』其無乃廢先王之訓而王几頓乎！吾聞夫犬戎樹惇㉞，能帥舊德，而守終純固㉟，其有以禦我矣。」

王不聽，遂征之，得四白狼、四白鹿以歸。自是荒服者不至。

注釋

①穆王：周穆王，前一〇〇一—前九四七年在位。犬戎：古代西北戎人的一支。

商中宗修德

国君有德，诸侯大会来朝拜。商中宗通过修德，使国家复兴，远方外国也仰慕商的德义。

「昔我先世后稷，以服事虞、夏。乃夏之衰也，弃稷弗务，我先王不窋用失其官，而自窜于戎、翟之间。不敢怠业，时序其德，纂修其绪，修其训典；朝夕恪勤，守以惇笃，奉以忠信。奕世载德，不忝前人。至于武王，昭前之光明而加之以慈和，事神保民，莫不欣喜。商王帝辛，大恶于民。庶民弗忍，欣戴武王，以致戎于商牧。是先王非务武也，勤恤民隐，而除其害也。

「夫先王之制，邦内甸服，邦外侯服，侯、卫宾服，夷、蛮要服，戎、翟荒服。甸服者祭，侯服者祀，宾服者享，要服者贡，荒服者王。日祭，月祀，时享，岁贡，终王，先王之训也。有不祭，则修意；有不祀，则修言；有不享，则修文；有不贡，则修名；有不王，则修德；序成而有不至，则修刑。于是乎有刑不祭，伐不祀，征不享，让不贡，告不王。于是乎有刑罚之辟，有攻伐之兵，有征讨之备，有威让之令，有文告之辞。布令陈辞而又不至，则又增修于德，无勤民于远。是以近无不听，远无不服。

「今自大毕、伯仕之终也，犬戎氏以其职来王。天子曰：『予必以不享征之，且观之兵。』其无乃废先王之训而王几顿乎！吾闻夫犬戎树惇，能帅旧德，而守终纯固，其有以御我矣。」

王不听，遂征之，得四白狼、四白鹿以归。自是荒服者不至。

②祭公謀父：周公的後代。祭，封邑名，今河南開封東北十五里有祭伯城。謀父，祭公的字。③觀兵：顯示兵威。④戢：集結。時動：到用兵時機才動用。古時春、夏、秋三時務農，冬時講武。⑤周文公：周公，名旦，謚號爲文。《頌》：指《詩經·周頌·時邁》，相傳是周公爲武王所作。⑥載：句首助詞，則。⑦櫜：原爲收藏盔甲、弓矢的器具，此處作動詞用，收藏。⑧肆：傳布。時：代詞，這。夏：指中國。⑨允：信。王：指周武王。⑩茂：通「懋」，勉勵。⑪阜：增多、豐富。⑫鄉：地方。⑬文：禮法。⑭世：世襲。後稷：堯封周民族始祖棄的官職，主管農事。⑮虞：指舜。夏：指夏朝。⑯不窋：棄的兒子。⑰纂：通「纘」，繼續。緒：前人未竟的事業。⑱奕世：累代。載：承受。⑲忝：辱没。⑳帝辛：商紂之名。㉑商牧：商都城郊外牧野，在今河南淇縣南。㉒邦內：京畿之內，古制爲千里之地。甸：王田。服：服侍于天子。㉓邦外侯服：京畿之外方圓五百里之地，每年朝見天子一次。㉔侯、衛賓服：介于侯服地區與邊疆之間的地方，應納貢，賓見于王。㉕夷：距王城四千里之地。蠻：衛之外，距王城三千五百里之地。要：有約束之意。㉖戎、翟：距王城四千五百里至五千里之地。荒：在九州島島之外，故謂之荒。㉗祭：供給祭祀天子祖父、父親的祭品。㉘祀：供給祭祀天子高祖、曾祖的祭品。㉙享：供給祭祀天子遠祖的祭品。㉚貢：供給祭神的祭品。㉛王：王事天子，指進京朝見。㉜日祭：每天祭一次。月祀：每月祀一次。時享：每季享一次。歲貢：每年貢一次。終王：在諸侯新即位或新王嗣位時進行，一生一次。㉝大畢、伯仕：犬戎的兩個君主。㉞惇：敦厚。㉟帥：遵循。純固：專一。

譯文

周穆王準備攻打犬戎族，祭公謀父勸阻道：「不可。先王顯示美德不顯示軍力。軍隊在適當的時候動用，動用就要有威力；顯示是玩賞，玩賞便無震撼力。所以周文公的《頌》說：『收藏盾戈，弓箭。追求美好的德行，散布于華夏，公正的文王永保昌盛。』先王對待百姓，讓他們的美德發揚性情敦厚的品質，豐富他們的財物，使他們的用具便利；使他們明白利害所在，用法令制度約束他們，讓他們趨利避害，懷美德敬畏威嚴，所以能永葆強盛。

「過去我們的祖先主管農事，輔佐虞、夏。等到夏朝衰微，捨棄作物不耕種，我們的先王不窋因此失去了他的官職，逃到戎、翟之間。卻不敢懈怠事業，整頓他的行爲，編寫他的事業和功績，改進他的教導，

[illegible]

【譯文】周穆王準備攻打犬戎族，祭公謀父勸阻道：「不可。先王顯示美德不顯示軍力。軍隊在適當的時候動用，動用就要有威力；顯示是玩賞，玩賞便無震懾力。所以周文公的《頌》說：『收藏戈、弓箭。追求美好的德行，散布于華夏。公正的文王永保昌盛。』先王對待百姓，讓他們的美德發揚，性情敦厚的品質，豐富他們的財物，使他們的用具便利；使他們明白利害所在，用法令制度約束他們，讓他們趨利避害，懷念美德並畏懼威嚴，所以能永保強盛。

「過去我們的祖先世代擔任農官，輔佐虞、夏。等到夏朝衰微，捨棄后稷不再重視，我們的先王不窋因此失去了他的官職，逃到戎、狄之間。他不敢懈怠事業，繼續施行他的德行，繼承他的事業和功績，修[illegible]他的教導典則，早晚謹慎勤奮，堅守敦厚誠實，信奉信用，累代傳承美德，不辱沒前人。到了周武王，發揚先人的光明還加上仁慈祥和，侍奉神明保全民衆，沒有不喜歡高興的。商朝的紂王被民衆憎恨，百姓難以忍受，欣然擁戴武王帶兵在商王城的野外宣戰。這並不是武王要用武，是非常體恤民衆的痛苦而除掉他們的禍害啊。

「先王的制度是：邦內的國家叫甸服，邦外的國叫侯服，侯、衛範圍的叫賓服，蠻、夷範圍的叫要服，戎、翟範圍的叫荒服。甸服的參加王朝每天的祭，侯服的供應參加每月的祀，賓服的獻上每季的祭品，要服的每年納一次貢，荒服的衹是做國王時朝見一次。每天一次的祭、每月一次的祀、每個時節的祭品、每年的納貢、終生一次的朝覲，都是先王的規定。出現不供應每天的祭的，周王自責；有不供應每月的祀的，周王就改善王朝的言辭；有不供應每季一次的祭品的，就改善政令；有不供應每年一次的納貢的，就修明法典；有終身不來朝拜的，就改善道德教育。依次反省改善後卻還有不到的就加以懲罰：依法懲治不祭的，出兵討伐不祀的，令其他諸侯征討不享的，派專人去責備不貢的，通告天下勸告不朝覲的。這樣，就有了懲治討伐的條文，有攻擊討伐的部隊，有征討的準備，有譴責的命令，有勸告的辭令。若發布命令宣告文書辭令後還不到，就再省察改善王朝的德行，不讓民衆征討

遠方。這樣近處的沒有不聽命令的，遠方的沒有不臣服的。

「自大畢、伯仕到如今，犬戎的君主都遵守職責來朝見天子，天子說：『我要因爲不朝貢而征討它，並且顯示武力。』您這樣做是廢止了先王的規定而使自己危險！我聽說犬戎樹立了敦厚的德行，能夠遵循舊有的德操而堅守抵抗，他會抵禦我們。」

穆王不聽，便征討犬戎，得到四匹白狼、四頭白鹿回朝。從此荒服之國不再朝覲。

召公諫厲王止謗

周語上《國語》

題解　周厲王昏庸暴虐，國人都在背後批評指責他，周厲王于是用暴力鎮壓人民的言論。召公以「防民之口，甚于防川」的道理勸說厲王，不應堵塞言路。厲王不聽召公的勸諫，繼續施行暴政，導致三年後被國人放逐到彘地。

原文　厲王①虐，國人謗王。召公②告王曰：「民不堪命矣！」王怒，得衛巫③，使監謗者，以告，則殺之。國人莫敢言，道路以目④。

王喜，告召公曰：「吾能弭⑤謗矣。乃不敢言。」召公曰：「是

障⑥之也。防民之口，甚于防川。川壅⑦而潰，傷人必多，民亦如之。是故爲川者，決之使導；爲民者，宣⑧之使言。故天子聽政，使公卿至于列士⑨獻詩，瞽⑩獻典，史⑪獻書，師箴⑫，瞍⑬賦，矇⑭誦，百工⑮諫，庶人⑯傳語，近臣盡規，親戚⑰補察，瞽史教誨，耆艾⑱修之，而後王斟酌⑲焉，是以事行而不悖⑳。民之有口也，猶土之有山川也，財用于是乎出；猶其有原隰衍沃也㉑，衣食于是乎生。口之宣言也，善敗于是乎興，行善而備㉒敗，所以阜㉓財用衣食者也。夫民，慮之于心，而宣之于口，成而行之，胡可壅也？若壅其口，其與能幾何？」

王弗聽，于是國人莫敢出言。三年，乃流王于彘。

吳楚材、吳調侯：所行之事，皆合于理。歷舉古天子聽言求治，句句與弭謗使不敢言相反。

吳楚材、吳調侯：文祇是中間一段正講，前後俱是設喻。前喻防民口有大害，後喻宣民有大利。妙在將正意喻意，夾和成文，筆意縱横，不可端倪。

注釋

①厲王：周厲王，前八七八年—前八四二年在位。他暴虐無道，引起人民的反抗，最後逃到了彘地（今山西霍縣），後死在了這裏。②召公：召穆公，姓姬名虎，周王的卿士。③巫：古代以侍奉鬼神爲職業的人。④道路以目：在路上見了面用眼神來交流。⑤弭：消除。

諫鼓謗木

堯在位時，在門外設一面鼓，有進諫者可以擊鼓求見；又在門外設一木片，使人在上寫自己的過失。而厲王禁止諫言，遭到流放。

⑥障：阻礙，堵塞。⑦壅：堵塞。⑧宣：引導。⑨公卿至于列士：周朝官員分爲公、卿、大夫、士各級，士是最低等級的官員，但也分爲上士、中士、下士三個等級。⑩瞽：眼盲的藝人，這裏指樂師。⑪史：史官。⑫師：少師，周代樂官，職位比太師低。箴：一種帶有勸諫意味的文詞。⑬瞍：無瞳仁的盲人。⑭矇：有瞳仁而看不見的盲人。⑮百工：管理各種工匠、奴隸的官員。⑯庶人：平民。⑰親戚：指與周天子有親戚關係的臣子。⑱耆艾：壽高德重的人。六十歲爲耆，五十歲爲艾。⑲斟酌：考慮，衡量。⑳悖：違背。㉑其：代指土地。原：高而平的土地。隰：窪地。衍：平原。沃：肥沃的土地。㉒備：預防。㉓阜：增加。

譯文　周厲王暴虐，國人都批評他。召公告訴他說：「百姓無法忍受了！」厲王惱怒，找到一個衛國的巫師，讓他監視指斥自己的人，發現後報告，就殺死他。國人不再敢說話，在路上衹用眼睛打招呼。

厲王很高興，告訴召公說：「我可以消滅指責。他們都不敢開口了。」召公說：「這樣是阻隔指責啊。防百姓的口，比防川水更有害。河川堵塞然後潰堤，死傷的人必定更多，對百姓也是如此。所以治理河川的疏通河道讓水按照導引流瀉；治理民衆的人讓他們發言宣泄。所以天子治理政務，讓自公卿到列士都獻詩，瞽官獻樂曲，史官獻史書，師官讀箴言，瞍官念賦，矇官誦讀，百官規勸，百姓把意見轉達，近臣按法度力勸，親戚作爲補救幫着察看，瞽、史官加以教誨，老人整理這些，然後天子對它們進行分析決策，這樣天子事情做得就不會發生謬誤。民衆有嘴，如同大地有山川，財物從此生出；如同它有便于繁衍的肥沃的低濕原野，衣服食物在這裏生長。口用來説話，好壞才分別。施行好的，防備不好的，這些就是用來增加財物、衣食的方法啊。民衆心中所想，用口説出，好的就施行，怎麼能夠堵塞？如果堵塞他們的嘴，又能堵多久？」

厲王不聽，這時都城的人都不敢説話。三年後，把厲王流放到彘。

襄王不許請隧　周語中《國語》

題解　隧，指挖掘墓道進行安葬，這是周天子才能享受到的葬禮，晉文公幫助周襄王復位，之後便提出了自己死後要隧葬的請求。周襄王此時正處于困境之中，但又不想放棄屬于自己的特權，所以衹好用「親親、尊尊」這些宗法等級制度，采取旁敲側擊的方式，委婉地表達自己「不許」的意思，晉文公于是放棄了這一要求。

原文　晉文公既定襄王①于郟，王勞之以地②，辭，請隧③焉。王弗許，曰：「昔我先王之有天下也，規方千里④，以爲甸服⑤，以供上帝山川百神之祀，以備百姓兆民之用，以待不庭、不虞之患⑥。其餘，以均分公、侯、伯、子、男，使各有寧宇⑦，以順及天地，無逢其災害。先王豈有賴⑧焉？內官不過九御⑨，外官不過九品⑩，足以供給神祇⑪而已，豈敢厭縱⑫其耳目心腹，以亂百度⑬？亦唯是死生之服物采章⑭，以臨長百姓而輕重布之⑮，王何異之有？

吳楚材、吳調侯：着均分二字，見先王之土地亦有限。

吳楚材、吳調侯：通篇衹是不爲天子，不得用隧意。却妙在俱用逆筆振入，無一筆實寫不許。

「今天降禍災⑯于周室，余一人⑰僅亦守府，又不佞以勤叔父⑱，而班先王之大物以賞私德⑲，其叔父實應且憎，以非余一人，余一人豈敢有愛也？先民有言曰：『改玉改行⑳。』叔父若能光裕大德㉑，更姓改物㉒，以創制天下，自顯庸㉓也，而縮取備物㉔，以鎮撫百姓，余一人其流辟㉕于裔土，何辭之與有？若猶是姬姓也，尚將列爲公侯，以復㉖先王之職，大物其未可改也。叔父其茂昭明德，物將自至，余敢以私勞變前之大章㉗，以忝㉘天下，其若先王與百姓何？何政令之爲也？若不然，叔父有地而隧焉，余安能知之？」

文公遂不敢請，受地而還。

注釋

①襄王：指周襄王，前六五一年—前六一九年在位，前六四九年，襄王異母弟叔帶勾結外族奪取王位。第二年，晉文公出兵幫助周襄王在郟地復位。②勞之以地：賜予封地來犒勞。③隧：挖掘墓道進行安葬。周代天子死後，靈柩要從地下挖掘的通道進入墓穴安葬。諸侯則不能采用這種方式入葬。④規方千里：規劃出方圓千里的地方。⑤甸服：都城周圍的土地。⑥不庭：不向朝廷納貢。不虞：意想不到的事情。⑦寧宇：安定的區域。⑧賴：利，盈餘。⑨內官：王宮中的女官。九御：九嬪，九種負責不同事務的女官。⑩外官：周王室的官員。九品：九卿，負責不同政務的九種官員。⑪神祇：天神和地神。⑫厭縱：滿足、放縱。厭，滿足。⑬百度：朝廷制定的各種法令和法律。⑭服物采章：衣服和祭祀之物的顏色和花紋。采章，指色彩和花紋的配合使用，古代等級制度森嚴，在這一方面有嚴格的規定。⑮臨長：統治。輕重：指等級制度中的尊卑、貴賤等。⑯天降禍災：指周王朝的內亂。⑰余一人：古代帝王的自稱。⑱不佞：自謙之詞，

晉文公

晉文公，初爲公子，謙而好學，善交賢能智士。後受迫害離開晉國，遊歷諸侯。漂泊十九年後終復國，殺懷公而立，開創晉國長達百年的霸業。文治武功，昭明后世，顯達千秋，與齊桓公并稱「齊桓晉文」，爲後世儒家、法家等學派稱道。

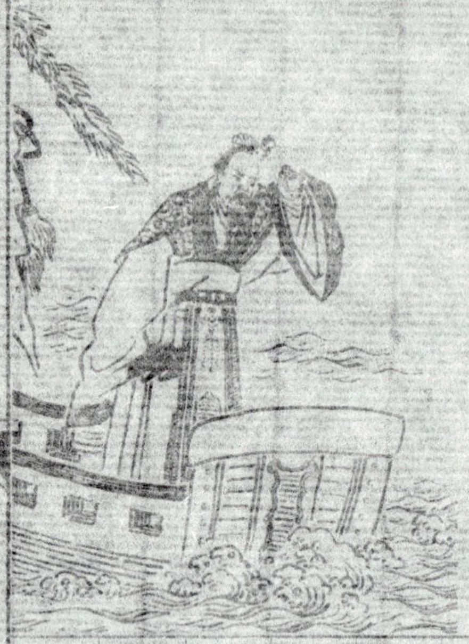

不才。叔父：周天子對與自己同姓的諸侯的稱呼。⑲賞私德：賞賜對自己有恩的人。⑳改玉改行：改換了身上的佩玉，就要改變走路的姿勢。古代貴族因爲身份和地位的不同，所以腰間會佩戴不同的玉飾，行走時也采用不同的步伐，這樣佩玉互相撞擊就會産生不同的應和聲。㉑光裕大德：光大高尚的德行。㉒更姓改物：君王改變姓氏，指改朝換代。㉓顯庸：顯示功用。㉔縮取：收斂取走。備物：天子的全部葬禮。㉕流：放逐、流放。辟：受到刑罰。㉖復：恢復。㉗大章：指服飾和祭器的顏色和花紋的規定。㉘忝：侮辱，玷污。

【譯文】

晉文公幫助周襄王在郟邑重新登上了王位，周襄王拿出一塊土地來犒賞晉文公，晉文公推辭了土地，請求襄王答應他，去世以後可以使用天子的隧禮來安葬自己。襄王不答應，說道：「以前，周朝的歷代先王掌管整個天下，要規劃出一塊方圓一千里的地方來當作甸服，以此來供奉天帝和祭祀山川百神，來提供百姓萬民的用度，而且也方便對付那些不服從朝廷的諸侯或者其他一些沒有想到的災難。餘下的土地就會平均地分給公、侯、伯、子、男等大小諸侯，讓他們都有可以有安居的地方，以此來順應天地之間尊卑的秩序，不會因爲違背它而遭受災難。先王哪裏還有私人的特別利益呢？

他的王宮裏的女官衹有九御，王宮以外的官員衹有九卿，衹是能夠滿足供奉天地神靈的要求罷了，哪裏還敢盡情地讓自己的耳、目、心、腹去享受自己嗜好的東西，從而對各種法度造成破壞呢？他們衹是在生前死後所穿的衣服和所用器具的色彩和花紋上面有一些區別，這也衹不過是用來表示自己是治理百姓的君王、可以區分出尊卑貴賤罷了。除了這些以外，天子與一般的諸侯還有什麼不同之處呢？

「如今上天給周王室降下了災禍，發生了內亂，寡人也不過是嚴謹地遵守着先王遺留下來的規定，再加上自己沒有才能，所以不得不給叔父添麻煩；假如再把用于先王的葬禮拿來報答您給予寡人私人的恩德，那麼，恐怕叔父就算接受了，也會對寡人感到厭惡，並且出言責備寡人；不然的話，寡人怎麼敢吝惜這些呢？以前就有人說過：『佩戴在身上的美玉發生了改換，那麼走路的步伐和姿勢也就不一樣了。』假如叔父能夠光大高尚的美德，改朝換代，創建出統一天下的偉大事業，展示自己的功勞，那麼當然就可以使用天子的服飾和器物，進而安撫、治理百姓，寡人或許會被流放到邊疆，還能跟您說什麼呢？假如叔父仍然保持着姬姓，仍將處于公侯的位置，以此來恢復先王以前定好的職分，那麼，就不能更改衹有天子才能使用的隧禮。叔父還是努力光大美好的德行吧，您想要的事情到時候會不請

自來。我又怎麼敢爲了答謝您對我的恩德而對先王的制度做出改變，進而讓天下蒙受侮辱，又怎麼對得起先王和天下的百姓呢？又怎麼推行朝廷的政令呢？不然的話，叔父有很多土地，就算是挖掘墓道來舉行隧葬之禮，寡人又怎麼會知道呢？」

晉文公聽了這番話之後，不敢再提出請求隧禮的要求，就接受了周王賞賜給自己的土地，回到了晉國。

單子知陳必亡 周語中《國語》

題解 周定王六年，周大夫單子去楚國時路過陳國。他回朝後向定王報告在陳國的所見所聞，認爲陳國發生的許多不正常的事情，廢棄了先王的教誨，不久定遭災難。單子的判斷是正確的，定王八年，陳國爲楚所滅。

吳楚材、吳調侯：自宋適楚，道經陳國。是時天子微弱，故以諸侯相聘之禮假道也。

原文 定王使單襄公聘于宋[1]。遂假道于陳[2]，以聘于楚[3]。火朝覿矣[4]，道茀不可行也，候不在疆，司空不視塗，澤不陂，川不梁，野有庾積，場功未畢，道無列樹，墾田若蓺[5]，膳宰不致餼[6]，司里不授館，國無寄寓，縣無旅舍，民將築臺于夏氏。及陳，陳靈公與孔寧、儀行父南冠以如夏氏，留賓弗見。

吳楚材、吳調侯：從單子入陳，至及陳所閱歷者，錯綜先敘，後從單子口中，分疏作斷，章法井然。

單子歸，告王曰：「陳侯不有大咎，國必亡。」王曰：「何故？」對曰：「夫辰角[7]見而雨畢，天根[8]見而水涸，本[9]見而草木節解，駟[10]見而隕霜，火見而清風戒寒。故先王之教曰：『雨畢而除道，水涸而成梁，草木節解而備藏，隕霜而冬裘具，清風至而修城郭宮室。』故《夏令》曰：『九月除道，十月成梁。』其時儆曰：『收而場功，偫而畚挶[11]。營室[12]之中，土功其始。火之初見，期于司里。』此先王之所以不用財賄，而廣施德于天下者也。今陳國火朝覿矣，而道路若塞，野場若棄，澤不陂障，川無舟梁，是廢先王之教也。

「周制有之曰：『列樹以表道，立鄙食以守路，國有郊牧，疆有寓望。藪有圃草，囿有林池，所以禦災也。其餘無非穀土，民無縣耜，

吴楚材、吴調侯：貴國，大國也，不比敵國。司事之官，皆用尊一般者，而更加敬。

知魯廟災

野無奥草，不奪農時，不蔑民功。有優無匱，有逸無罷。國有班事，縣有序民。』今陳國道路不可知，田在草間，功成而不收，民罷于逸樂，是棄先王之法制也。

「周之《秩官》有之曰：『敵國賓至，關尹以告，行理以節逆之，候人爲導，卿出郊勞，門尹除門，宗祝執祀，司里授館，司徒具徒，司空視塗，司寇詰奸，虞人入材，甸人積薪，火師監燎，水師監濯，膳宰致飧，廩人獻餼，司馬陳芻，工人展車，百官各以物至。賓入如歸；是故小大莫不懷愛。其貴國之賓至，則以班加一等，益

虔。至于王使，則皆官正莅事，上卿監之。若王巡守，則君親監之。』今雖朝也不才，有分族于周，承王命以爲過賓于陳。而司事莫至，是蔑先王之官也。

「先王之令有之曰：『天道賞善而罰淫，故凡我造國，無從匪彝⑬，無即慆淫，各守爾典，以承天休⑭。』今陳侯不念胤續⑮之常，棄其伉儷妃嬪，而帥其卿佐以淫于夏氏，不亦瀆姓矣乎？陳，我大姬之後也。棄袞冕而南冠以出，不亦簡彝乎？是又犯先王之令也。

「昔先王之教，茂帥其德也，猶恐隕越；若廢其教而棄其制，蔑其官而犯其令，將何以守國？居大國之間，而無此四者，其能久乎？」

六年，單子如楚。八年，陳侯殺于夏氏。九年，楚子入陳。

注釋　①單襄公：名朝，周定王的卿士。宋：國名，在今河南商丘。②陳：國名，國都在今河南淮陽。③楚：國名，在今湖南、湖北、安徽、江蘇、浙江境內。④火：古星名，即大

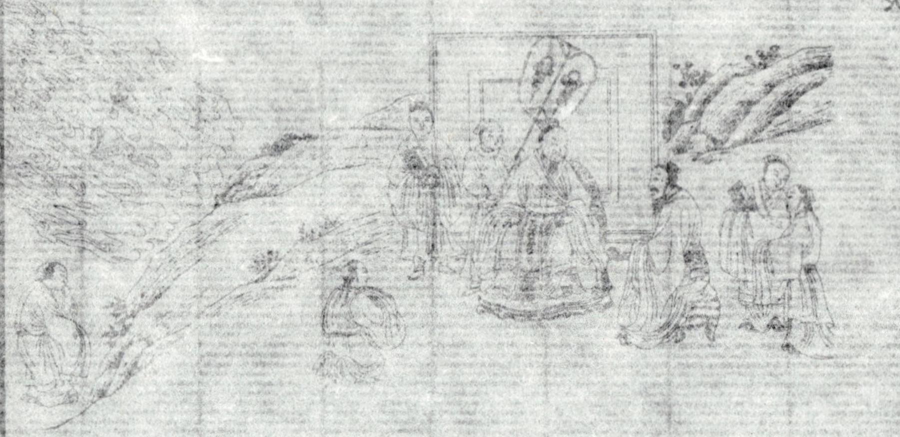

火、商星，又叫心宿，可以在立冬前後的早晨看見。覿：見。⑤藪：茅草芽。⑥餼：糧食和飼料，也指活的牲畜。⑦角：古星名，即角宿，寒露節的早晨出現。⑧天根：古星名，氐宿的別名，寒露節後五日出現。⑨本：古星名，即氐星，寒露節後十日的早晨出現。⑩駟：古星名，房宿，霜降時節的早晨可見。⑪偫：備置。畚揭：竹、木、鐵做成的盛土抬土工具。⑫營室：古星名，室宿，又稱定星，夏歷十月出現在天空正中，古人認爲此時宜造宫室。⑬匪彝：不法。⑭休：恩賜。⑮胤續：繼嗣。

【譯文】周定王派單襄公到宋國訪問，又從陳國經過，訪問楚國。心星在東方顯現，道路上雜草叢生，行走困難，邊疆沒有官員迎送，主管建設的官員不察看道路，湖畔沒有堤岸，河流上沒有橋梁，野地露天堆積糧食，收拾農作物的勞動沒有完工，道路沒有成列的樹，耕種的田地像草地，主管宰割的官員不送牲畜，管理住宅街道的官員不引導賓客，國中沒有旅店，民衆準備着到夏大夫家建造高臺。單襄公到達陳國時，陳靈公和孔寧、儀行父戴着楚國人的帽子前往夏大夫家，不接見賓客。

單先生回朝，對周定王說：「陳國自己沒有大災禍，也必定滅亡。」定王說：「什麼原因？」單襄

公答道：「清晨角星顯現就是下雨的季節完結了，天根星顯現，河水乾枯，本星顯現就是草木凋零，駟星顯現就要降霜，火星顯現說明寒風將至。所以先王教導說：『下雨的季節過了就要修整道路，河水乾涸了就要修築橋梁，草木凋落了就要儲備糧草，下霜了就要準備好冬天的裘皮，寒風到來就要修整城郭和房舍。』所以《夏令》說：『九月修理道路，十月修築橋梁。』又告誡道：『收拾完農活，準備好擔土的工具，定星位于中天時，土木工程開始。火星剛開始顯現的時候，在確定好的時間到司里。』這就是先王不用錢財，卻廣泛地施美德于天下的緣故。現在的陳國，火星顯現，而道路還是堵塞的，野外場地的農活無人過問，湖畔沒有堤岸，河流沒有橋梁，這都是廢棄了先王的教導之故啊。

「周王朝的制度規定：『成行的樹用來標志道路，邊邑有房舍飲食供應過路人；國有郊區牧場，邊疆有寓所和守護者。濕地有草場，園地裏有樹林和池塘；這些地方是用來抵禦災患的。其餘的地方無非莊田，民衆的農具不閑置，田野沒有雜草。不錯過農作時節，不漠視農民的勞動成果。人民富裕而不匱乏，有安逸沒有疲困。都城各級官員有次序地辦事，城郊有遵從秩序的良民。』現在的陳國道路無法辨認，田間盡是野草，農作物成熟了不收割，民衆爲陳侯享樂而勞累，這都是違反先王的法制啊。

戒酒防微

千里之堤，毁于蟻穴，夏禹在美酒面前保持警醒，使得天下長久安定，而陳國在小事上墮落，超越規範，最終不免滅亡。

「周王朝的《秩官》中說：『同等國家的賓客來到，由關尹稟報，按理行事用符節迎接他們，候人做引導，大臣出城慰勞門尹打掃門庭，宗祝陪同祭祀，司里管理賓館，司徒召集僕役，司空檢查道路，司寇審問盜寇，虞人供應肉類，甸人準備柴火，火師看管燈燭，水師監督洗滌，膳宰送上食物，稟人獻上穀米，司馬擺放好牲畜的飼料，工人擺放車輛，各類官員分別提供相應事物。以使賓至如歸；所以賓客滿意。等級高的國家的賓客來到，就把接待禮儀加一等級，更加恭敬。是周王朝的使官，就全是升官親自接待，由上卿監督他們。如果是周王巡視，那國君就親自監督他們。』現在雖然我沒有才能，也是周王朝的族系，奉周王的命令在陳國作爲過路的賓客，但應盡的事務沒有到位的，這是輕視先王的官啊。

「先王的教令說：『上天獎賞善良，懲罰淫邪，所以凡是我分封的諸侯國，不要學違背常規的行爲，不要過度地享樂，各自遵守法則，來接受上天的賜福。』今天的陳侯不考慮後代繼承的倫常，拋棄他的王后嬪妃，卻率領他的上卿官員到夏大夫家享樂，不是褻瀆他的始祖嗎？陳，是我周王朝太姬的後代啊。丟棄禮服禮帽卻戴着楚國的帽子外出，不是輕視常規嗎？這也違背了先王的條令啊。

「從前先王的訓條，遵照而行勉勵自己，唯恐墮落和超越規範；如果丟掉他的教誨，廢棄他的制度，輕視他的官職及職責，違反他的條令，如何保國家？處在大國之間，卻沒有這四種行爲，怎麼能持久？」

定王六年，單子前往楚國。定王八年，陳侯在夏大夫家被殺。定王九年，楚王攻占了陳國。

展禽論祀爰居

魯語上《國語》

題解 在古代，祭祀是一件大事，可是臧文仲在不瞭解海鳥之來歷，也不知道它對于國家百姓是否有利的情況下，就讓國人去祭祀一種名爲「爰居」的海鳥，展禽根據傳統的祭祀規矩，對臧文仲提出了批評，並且讓臧文仲承認了自己的錯誤。雖然展禽的論

述帶有一定的迷信色彩，不過他主張「仁者講功，智者處物」，反對「淫祀」，這一點卻是很有見地的。

原文

海鳥曰「爰居」，止于魯東門之外二日。臧文仲使國人祭之。

展禽曰：「越①哉，臧孫之爲政也！夫祀，國之大節也，而節，政之所成也。故愼制祀以爲國典。今無故而加典，非政之宜也。

吳楚材、吳調侯：不責其祀，而直責其政，立論最大。

「夫聖王之制祀也，法施于民則祀之，以死勤事則祀之，以勞定國則祀之，能禦大災則祀之，能捍大患則祀之。非是族也，不在祀典。昔烈山氏②之有天下也，其子曰柱，能植百穀百蔬。夏之興也，周棄③繼之，故祀以爲稷。共工氏之伯九有也④，其子曰后土，能平九土⑤，故祀以爲社。黃帝能成命⑥百物，以明民共財。顓頊⑦能修之，帝嚳能序三辰以固民⑧，堯能單均刑法以儀民⑨，舜勤民事而野死，鯀障洪水而殛死，禹能以德修鯀之功，契⑩爲司徒而民輯，冥⑪勤其官而水死，湯以寬治民而除其邪，稷⑫勤百穀而山死，文王以文昭，武王去民之穢。故有虞氏禘黃帝而祖顓頊，郊堯而宗舜；夏后氏禘黃帝而祖顓頊，郊鯀而宗禹；商人禘舜而祖契，郊冥而宗湯；周人禘嚳而郊稷，祖文王而宗武王。幕能帥顓頊者也，有虞氏報焉⑬；杼能帥禹者也，夏后氏報焉；上甲微，能帥契者也，商人報焉；高圉、太王，能帥稷者也，周人報焉。凡禘、郊、祖、宗、報，此五者，國之典祀也。

吳楚材、吳調侯：已上先總敘功德，後總出祀典。

「加之以社稷山川之神，皆有功烈于民者也。及前哲令德之人，所以爲民質⑭也；及天之三辰，民所以瞻仰也；及地之五行⑮，所以生殖也；及九州名山川澤，所以出財用也。非是，不在祀典。

「今海鳥至，已不知而祀之，以爲國典，難以爲仁且知矣。夫仁者講功，而知者處物。無功而祀之，非仁也；不知而不問，非知也。今茲海其有災乎？夫廣川之鳥獸，恒知而避其災也。」

吳楚材、吳調侯：一祀爰居耳，發出如許大議論。然亦祇是無故加典一句斷盡。前云非是族也，不在祀典，後云非是不在祀典，總是不得無故加典也。文仲之失，在不能講功，而先在不能處物，是不智乃以成其不仁也。

是歲也，海多大風，冬暖。文仲聞柳下季之言，曰：「信吾過也。季子之言，不可不法也。」使書以爲三策。

注釋

①展禽，魯國大夫，即柳下惠，名獲，字禽。越：超越，這裏指違背了禮法。②烈山氏：神農氏，傳說中上古時期農業與醫藥的發明者。③棄：傳說中周朝的始祖，堯、舜時掌管農業的官員。④共工氏：上古時期的部落首領，據說是水官。九有：九州。⑤九土：九州之土，指天下所有的土地。⑥成命：爲各種事物命名。⑦顓頊：黄帝之孫，又被稱爲高陽氏。⑧帝嚳：黄帝之曾孫，又被稱爲高辛氏。三辰：指日、月、星三種天體。⑨單：通「殫」，盡。儀：善、好。⑩契：傳說中商朝的祖先。

桑林禱雨

祭祀在國家中占有重要的地位，祈禱降雨等國家大事都要通過祭祀完成。但是盲目的祭祀也是不可取的。

⑪冥：傳說是契的六世孫，夏朝時擔任水官。⑫稷：棄。⑬禘、祖、郊、宗、報：都是古代的祭禮。禘，古代天子祭祀先祖的大典，又稱大祭；祖，祭祀開國先祖的祭禮；郊，天子在郊外祭祀天地的禮儀；宗，祭祀族長之禮；報，報答恩德的祭禮。帥：遵循。⑭質：信。⑮五行：指金、木、水、火、土。

譯文

有一種名叫「爰居」的海鳥，在魯國都城的東門外面已經停留了兩天。魯國的上卿臧文仲下令讓國都中的百姓都去對它進行祭祀，展禽說道：「臧孫處理這件事情已經超越了祭祀之禮的規矩了！祭祀之禮，是國家的重要制度，而這種制度，又恰恰是在政治上獲得成功的基礎。因此要謹慎地制定祭祀時所用的禮儀，並且使之成爲全國固定的法令。如今無緣無故地增加祭祀的典禮，這不是正確的處理政事的方法。

「聖明的帝王在制定祭祀之典時，都堅持一個準則：能夠堅持法令、保證百姓的利益，那麼就去祭祀他；爲國君努力做事甚至獻出生命的，就去祭祀他；能夠防範大的災難，使國家安定的有功之臣，就去祭祀他；能夠防止重大災難的，就去祭祀他；能夠消除重大禍患的，就去祭祀他。如果不在這一

類之內，那麼就不能列在祀典以內。以前，神農氏曾經掌管天下，他的後人名字叫作柱，擅長種植各種各樣的穀物和蔬菜。夏朝建立之後，周人的始祖棄繼承了柱的事業，因此人們就把他當成穀神來祭祀。共工氏在九州成爲霸主以後，他的後人掌管土官，被稱爲后土，他能夠把九州的土地給治理好，所以人們把他當作土地神來祭祀。黄帝能夠給各種各樣的事物起名字，讓百姓知道事物都叫什麼名字，供給人們所需要的財物。顓頊帝對此能夠做出進一步的修定；帝嚳能夠把日、月、星辰按照序列排列起來，讓老百姓安定團結；堯帝能夠努力地讓刑法平均並且成爲老百姓遵守的準則；舜努力地爲老百姓服務，最後死在了野外；鯀受命治理洪水最後被殺死；大禹能夠用自己的德行來修正鯀的失誤之處；契擔任司徒而讓百姓和睦相處；冥因爲忠于自己水官的職守而死在了水裏；商湯用寬大的政策來管理百姓，並且爲他們把邪惡的人除掉；后稷努力地從事穀物種植，最後死在了山間；文王因爲文德昭著受人敬仰；武王除掉了被百姓唾棄已久的壞人。因此有虞氏禘祭黄帝、祖祭顓頊、郊祭堯、宗祭舜；夏后氏禘祭黄帝、祖祭顓頊，郊祭鯀、宗祭禹；商朝人禘祭帝嚳、祖祭契，郊祭冥、宗祭湯；周朝人禘祭帝嚳、郊祭後稷、祖祭文王、宗祭武王。幕是可以繼承顓頊事業的人，所以有虞氏給他舉行報恩的祭祀典禮；季杼是可以繼承夏禹事業的人，夏后氏就爲他舉行報恩的祭祀典禮；上甲微是可以繼承殷契的事業的人，所以商朝人爲他舉行了報恩的祭祀典禮；高圉、太王是可以繼承後稷的事業的人，所以周朝人就給他們舉行報恩的祭祀典禮。一共有禘祭、郊祭、祖祭、宗祭、報祭，這五種祭祀的典禮，這些都是國家的祭祀大典。

「再加上主管土地、五穀、山水的神靈，他們都對于百姓是有很大的功勞的；以及從前那些有智慧、有美德的人，他們受到了百姓的信賴；天空中的日月星辰，受到老百姓的仰望；地上的五行金、木、水、火、土，全都是萬物賴以生長和繁殖的元素；天下九州的名山大川，是所有財富的產地。如果不屬于上述這幾類東西，那也不要放在祭祀典禮以內了。

「如今海鳥從海上飛過來，你不明白就要對它進行祭祀，把它作爲國家大典來進行，那就很難說是仁愛和明智了。仁愛的人擅長評價別人的功勞，明智的人擅長處理不同的事物。海鳥沒有什麼功勞，卻要祭祀它，就不能算是仁愛；自己不明白卻不請教別人，這算不上明智的人。如今這附近的海面上恐怕將要發生大的災害了吧？江海中的鳥兒和獸類，總是可以預測並躲開即將來到的災難。」

這一年，海上刮了很多次大風，冬天非常溫暖。文仲聽到柳下惠的話之後，說道：「的確是我犯下了過錯。柳下惠所說的話，不能不當作準則來欣賞。」然後就讓人把柳下惠的話寫在三份竹簡上分別送給了司馬、司空、司徒這三位大官。

里革斷罟匡君

魯語上《國語》

題解

中國人早在古代就認識到了「可持續發展」的重要性，他們對那些對人類有益的蟲魚鳥獸一直都采取一種有節制的捕獵方案。這篇文章寫的是魯宣公不顧時令，派人張網捕魚，大臣里革爲了阻止宣公的行爲，動手把魚網割破，並且義正言辭地向宣公進諫，最終使宣公認識到自己的錯誤、並且勇于改正的經過。

文章的篇幅情節雖然短小，但是却極富變化，並且蘊含着深刻的哲理。

原文

宣公夏濫于泗淵①，里革斷其罟而棄之②，曰：「古者大寒③降，土蟄發④，水虞于是乎講罛罶⑤，取名⑥魚，登川禽⑦，而嘗之寢廟⑧，行諸國人，助宣氣也⑨。鳥獸孕，水蟲成，獸虞于是乎禁罝羅⑩，矠魚鱉以爲夏槁⑪，助生阜⑫也。鳥獸成，水蟲孕，水虞于是乎禁罝罜麗⑬，設阱鄂⑭，以實廟庖，畜功用也。且夫山不槎蘖⑮，澤不伐夭⑯，魚禁鯤鮞⑰，獸長麑䴠，鳥翼鷇卵⑱，蟲舍蚳蝝⑲，蕃庶物也，古之訓也。今魚方別孕，不教魚長，又行網罟，貪無藝也⑳。」

公聞之，曰：「吾過而里革匡㉑我，不亦善乎！是良罟也！爲我得法。使有司藏之，使吾無忘諗㉒。」師存㉓侍，曰：「藏罟不如置里革于側之不忘也。」

吳楚材、吳調侯：言魚取之有時。

解網施仁

吳楚材、吳調侯：結語深雋有味，使好名之主意消。

注釋

①宣公：魯宣公，前六〇八年—前五九一年

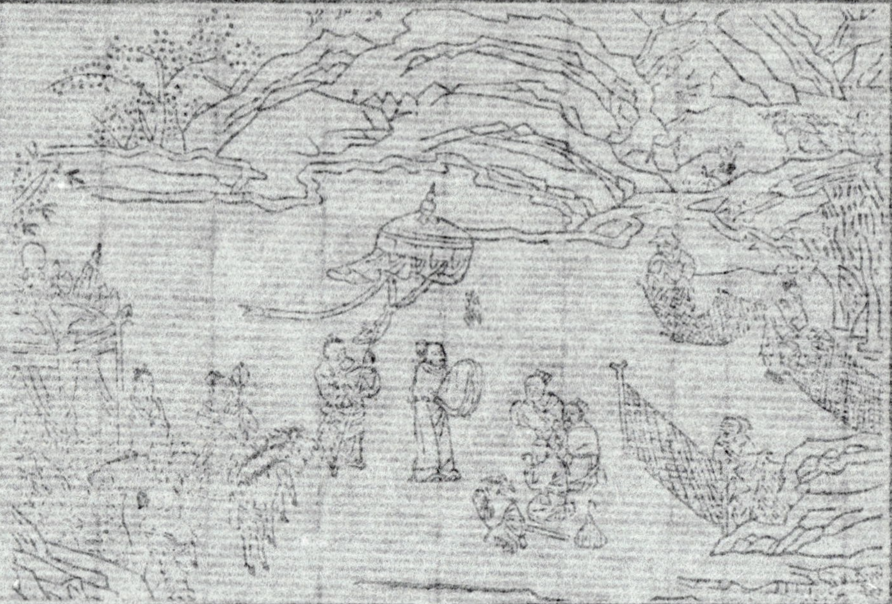

在位。濫：把網放在水裏捕魚。泗：泗水。發源于山東蒙山南麓，經曲阜、濟寧等縣流入江蘇境內。②里革：魯國大夫，斷：這裏指割破。罟：漁網。③大寒：二十四節氣之一，在公曆一月下旬。④土蟄：動物在冬眠的時候會潛伏在土下或洞中保持不食不動的狀態。此處指那些在冬眠的動物。發：奮起。這裏指醒過來，鑽出土面。⑤水虞：負責水產的官員。罛：比較大的魚網。罶：用來捕魚的竹籠。口大頸窄，腹大而長，没有底。⑥名：大。⑦登：通「得」，索求。川禽：水裏的動物。⑧嘗：古代的一秋祭，意爲嘗新。寢廟：古代宗廟分爲廟和寢兩個部分。前殿稱廟，用于祭祀祖宗，後殿稱寢，供奉祖先的衣冠，合稱寢廟。⑨宣：散發。氣：陽氣。⑩獸虞：古代負責發布禁止捕捉鳥獸命令的官員。罝：用來捕獸的網。羅：用來捕鳥的網。⑪矠：刺取。槁：乾枯，這裏指乾了的魚。⑫阜：生長。⑬罜麗：小魚網。⑭鄂：埋有削尖的木樁的陷阱。⑮蘖：樹木生長出來的嫩芽。也指樹木被砍伐之後新長的嫩芽。⑯澤：水窪。夭：剛剛生長出來的草木。⑰鯤：魚籽。鮞：魚卵。⑱翼：用翅膀遮護。鷇：需要母親捕食喂養的雛鳥。⑲蚳：螞蟻的卵。蝝：蝗蟲的幼蟲，古人用來做醬。⑳貪：貪欲、貪婪。藝：限度。㉑匡：匡正，糾正。㉒諗：規諫、勸諫。㉓師存：魯國樂師，名存。

譯文

魯宣公在夏天的時候派人到泗水的深處用漁網捕魚，魯國大夫里革把漁網割破，將它丟到一旁，對魯宣公說道：「古代時，過了大寒，冬天在土裏冬眠的動物們就會開始活動，水虞在這個時候才會提出用魚網、魚笱捕捉大魚、龜鱉的計劃，並且把這些獵物拿到寢廟裏面去祭祀祖先，這樣的做法同時也是百姓們所遵守的，這樣做的目的是要幫助地下的陽氣散發出來。當鳥獸們開始懷孕生育，魚鱉已經生長時，獸虞就會下令禁止用網來捕捉鳥獸，祇允許刺取魚鱉，並且把它們制作成夏天時才會吃的魚乾，這樣做的目的是爲了讓鳥獸們可以生長。等到鳥獸長大了，魚鱉開始繁衍時，水虞就會下令禁止用小的魚網來捕捉魚鱉，祇允許人們設陷阱來捕捉獸類，這樣做是爲了供應宗廟與廚房的需要，這樣就可以儲存物產，讓人們可以享用。不僅如此，到了山上是不能砍伐剛剛生長出來的樹枝的，到了水邊也是不能割取那些幼小嬌嫩的草木的，捕魚的時候禁止捕捉小魚，捕捉獸類的時候要放過小鹿和小駝鹿，捕鳥的時候要對雛鳥和鳥卵進行保護，捕捉昆蟲的時候不要傷害到螞蟻和蝗蟲的幼蟲，這些都是爲了促進萬物繁衍生長才做的，古人就是這樣教導後人的。此時正是魚兒孕育生長的時候，

吳楚材、吳調侯：祇四字，便寫盡淫心。

吳楚材、吳調侯：已上泛論道理，下乃實敘。

您卻不想讓它們長大，還要下網捕捉它們，眞是太貪心了，一定要有個限度啊！」

宣公聽里革說了這番話之後，說道：「我有了過錯，里革就會糾正我，這不是很好嗎！這張網對我來說很有意義！它讓我明白了古代明君治理天下的方法。讓主管的官吏把這張網收藏好，讓我永遠都別忘了里革對我的規諫。」有位名字叫作存的樂師此時在宣公身旁伺候，聽了宣公的話之後就說道：「保存這張網，還不如把里革放在自己身邊，這麼做的話就更加難以忘記他對您的規諫了。」

敬姜論勞逸

魯語下《國語》

題解 敬姜認爲「勞則善心生，逸則惡心生」。她主張人們都應該參加勞動，並分析了勞動對個人和國家的意義，以此來教育自己的兒子。作爲魯國大夫的妻子，她能夠認識到勞動的意義，懂得反對享樂的觀點，是很可貴的。

原文 公父文伯①退朝，朝其母，其母方績。文伯曰：「以歜之家，而主②猶績，懼干季孫③之怒也，其以歜爲不能事主乎！」其母嘆曰：「魯其亡乎！使僮子備官，而未之聞耶？居！吾語女。昔聖王之處民也，擇瘠土而處之，勞其民而用之，故長王天下。夫民勞則思，思則善心生；逸則淫，淫則忘善，忘善則惡心生。沃土之民不材，淫也；瘠土之民莫不向義，勞也。是故天子大采朝日④，與三公、九卿⑤祖識地德。日中考政，與百官之政事，師尹、惟旅、牧、相⑥宣序民事；少采夕月⑦，與太史、司載糾虔天刑⑧；日入監九御⑨，使潔奉禘、郊之粢盛⑩，而後即安。諸侯朝修天子之業命，晝考其國職，夕省其典刑，夜儆百工，使無慆淫，而後即安。卿大夫朝考其職，晝講其庶政，夕序其業，夜庀⑪其家

織帛圖

列士之妻加之以朝服，自庶士以下，皆衣其夫。社而賦事，烝而獻功，男女效績，愆則有闢，古之制也。

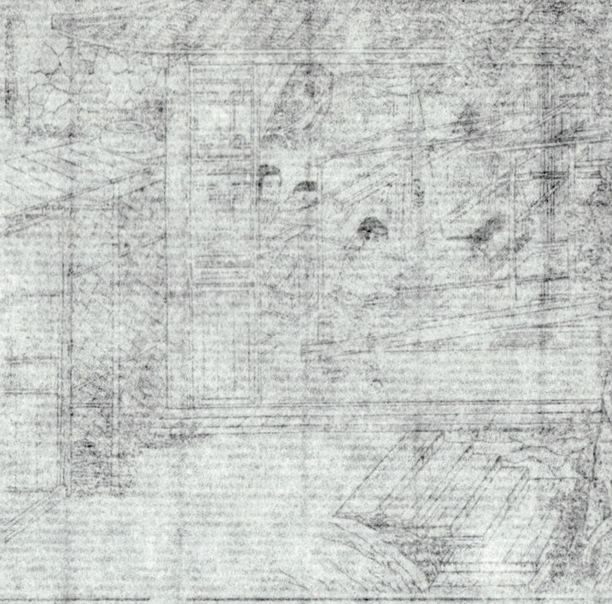

吳楚材、吳調侯：着而後二字，可見勞多安少。以下段段着而後字，此言天子之勞。

事，而後即安。士朝受業，晝而講貫，夕而習復，夜而計過，無憾而後即安。自庶人以下，明而動，晦而休，無日以怠。王后親織玄紞⑫，公侯之夫人，加之以紘、綖⑬，卿之內子爲大帶，命婦成祭服，列士之妻加之以朝服，自庶士以下，皆衣其夫。社而賦事，烝而獻功，男女效績，愆則有辟，古之制也。君子勞心，小人勞力，先王之訓也。自上以下，誰敢淫心捨力？今我，寡也，爾又在下位，朝夕處事，猶恐忘先人之業。況有怠惰，其何以避辟？吾冀而朝夕修我，曰：『必無廢先人。』爾今曰：『胡不自安？』以是承君之官，余懼穆伯之絕祀也。」

仲尼聞之曰：「弟子志之，季氏之婦不淫矣。」

注釋

①公父文伯：公父歜，魯國大夫，敬姜之子，其父公父穆伯也是魯國大夫。②主：這裏是主母的簡稱，古代對貴族家中女主人稱主母。③季孫：季康子，魯國卿。④大采：五彩禮服。朝日：古代帝王祭日之禮。⑤三公、九卿：三公指周朝中樞最高長官太師、太傅、太保。九卿指分管各部門的長官冢宰、司徒、宗伯、司馬、司寇、司空、少師、少傅、少保。⑥師尹、惟旅、牧、相：均爲周朝主持各項事務的各級官員。⑦少采：三采禮服。夕月：古代帝王祭月之禮。⑧太史：古代記事兼管星曆的官。司載：古代主管天文的官。糾：恭。虔：敬。⑨九御：帝王九宮之嬪妃。⑩粢盛：盛在祭器內以供祭祀用的穀物。⑪庀：治理。⑫玄紞：古代冠冕兩旁用來懸玉的黑色絲帶。⑬紘：古代冠冕系在頷下的帶子。綖：覆在冕上的布。

譯文

公父文伯退朝回家，去看他的母親，他的母親正在紡麻。文伯說：「以我歜的家而主人卻還在紡麻，怕惹季孫發火，認爲我不能侍奉您啊！」他的母親嘆道：「魯國要危亡了吧！讓小孩子占着位置當官卻沒教給你道理嗎？坐下！我講給你聽。從前聖賢國王對待百姓，選擇貧瘠的土地安置他們，鍛煉他們然後任用，所以長久統治天下。民衆勞作才會思考，思考才會心善；安逸就會淫亂，淫亂就不善，忘了善良，邪惡的念頭便產生。肥沃土地上的民衆沒有能耐，就會荒淫；貧瘠土地上的民衆無不崇尚正義，就會勤勞。因此天子身穿五彩禮服祭祀太陽，和三公、九卿一起祭地和識別土地的

功用。中午考察政務，爲百官分派事務，衆官衹長考慮衆官員的事，使牧、相有秩序地工作；身穿三彩禮服祭月亮，和太史、司載收集威猛的天的法則；日落便督促宮內的女官，讓她們清潔並準備好器皿，然後就休息。諸侯們清早學習天子布置的事務和命令，白天完成他們爲國供職的任務，傍晚學習典章和法規，夜晚警告衆官，讓他們不放蕩，然後就休息。卿大夫清早考慮他的職責任務，白天謀劃事務，傍晚安排他的職責，夜晚處理他的家事，然後就休息。貴族青年清早接受教育，白天研習所學，傍晚復習，夜晚反省，如無遺憾，就去休息。從平民以下，日出而作，日落而息，沒有一天懈怠的。王后親自織懸在禮帽上的黑色的絲帶，公侯的夫人加上紘、綖，卿的妻子做腰帶，大夫的妻子制祭服，各種士的妻子加制朝服，從平民以下，都爲丈夫縫制衣物。春祭祭社時分配事務，冬祭時獻上穀物布帛，男男女女獻功，有過失就治罪，（這些都是）古人的制度啊。君子操勞心智，小人付出勞力，是先王的訓導。自上而下，誰敢荒淫不出力？如今的我，守着寡，你職位又不高，從早到晚工作，還擔心丟失了先人的事業。更别說有所鬆懈，那怎麼躲避得了懲罰呢？我希望你能早晚提醒我說：『一定不要廢棄先人的功績。』你今天卻說：『爲什麼不自己圖安逸啊？』以你這樣承擔君王的官職，我害怕你父親要絕後啊。」

孔子聞知這事，說：「學生們記住：季家這婦人不違禮法啊！」

叔向賀貧　晉語八《國語》

題解 韓宣子憂心于自己的貧窮，叔向却向他道賀。叔向以欒、郤兩家的興衰爲例說明，應「憂德不憂貧」。若貧而有德，終會致富；如富而無德，則不但不可賀，反而可弔。他的觀點很有説服力，使宣子心悦誠服。

原文 叔向見韓宣子[1]，宣子憂貧，叔向賀之。宣子曰：「吾有卿之名，而無其實，無以從二三子，吾是以憂，子賀我，何故？」對曰：「昔欒武子無一卒之田[2]，其官不備其宗器，宣其德行，順其憲則，使越于諸侯，諸侯親之，戎狄懷之，以正晉國。行刑不疚，以免于難。及桓子[3]，驕泰奢侈，貪欲無藝[4]，略則行志，假貸居賄[5]，宜及于難，而賴武之德，以沒其身。及懷子[6]，改桓之行，而修武之德，

吳楚材、吳調侯：賀其貧，非賀其憂也。

吳楚材、吳調侯：以其言可以全族，結郤昭子一段。言下，宣子自應汗流浹背。

顏回

叔向勸韓宣子應「憂德不憂貧」，顏回就是一個「安貧樂道」的典範。

可以免于難，而離桓之罪，以亡于楚。夫郤昭子⑦，其富半公室，其家半三軍，恃其富寵，以泰⑧于國，其身尸于朝，其宗滅于絳⑨。不然，夫八郤，五大夫三卿，其寵大矣，一朝而滅，莫之哀也，惟無德也。今吾子有欒武子之貧，吾以爲能其德矣，是以賀。若不憂德之不建，而患貨之不足，將弔不暇，何賀之有？」

宣子拜，稽首焉，曰：「起也將亡，賴子存之。非起也敢專承之，其自桓叔以下，嘉吾子之賜⑩。」

注釋

①韓宣子：名起，晉卿。②一卒之田：百頃田。③桓子：欒書的兒子。④藝：極限。⑤居賄：囤積的財物。⑥懷子：桓子的兒子。⑦郤昭子：郤至。⑧泰：奢侈。⑨絳：晉國國都，在今山西翼城東南。⑩桓叔：韓起的祖先。嘉：感激。

譯文

叔向去見韓宣子，宣子爲貧困擔憂，叔向卻向他表示祝賀。宣子說：「我空有晉卿的虛名，卻沒有相應的財富，沒有什麼可以和卿大夫們交往的，因此而發愁，你卻祝賀我，這是什麼緣故呢？」叔向回答說：「從前欒武子沒有百畝之田，他掌管祭祀，家裏卻連祭祀的器具都不齊全，可是他能夠宣揚美德，遵循法制，名聞于諸侯各國；諸侯親近他，戎狄歸附他，使晉國安定下來；執行刑法，沒有弊病，因而避免了災難。傳到桓子時，他驕傲自大，貪得無厭，寧可犯法，胡作非爲，放債取財，該當遭到禍難，但依賴他父親欒武子的餘德，才得以善終。傳到懷子時，改變桓子的所作所爲，學習他祖父武子的德行，本應免災，可是受到他父親桓子的罪孽的連累，逃到楚國。那個郤昭子，財富抵得上晉國公室財產的一半，他家裏的武力有全國的一半，他依仗自己的財產和勢力，在晉國奢靡腐敗，最後被陳屍在朝堂上，他的宗族也在絳邑被滅絕。若非如此，那八個姓郤的有五個做大夫，三個做卿，他們的權勢夠大的了，可是一旦滅亡，沒有一個人同情他們，衹是因爲沒有德行的緣故！現

吳楚材、吳調侯：開口問白珩，則鳴玉以相，分明有意炫耀。

吳楚材、吳調侯：問甚矜張，答甚閒淡，機鋒射人。

在你有欒武子的淸貧境況，我認爲你也能夠具備他的德行，所以表示祝賀。如果不憂慮道德的缺乏，卻衹爲財產不足而發愁，我哀弔你還來不及，哪裏還能夠祝賀呢？」

宣子下拜，並叩頭說：「我將滅亡時，全靠你拯救了我。不但我本人蒙受你的教誨，就是始祖以下的族人都感激你的恩德。」

王孫圉論楚寶

楚語下《國語》

題解　晉國的趙簡子向前來訪問的楚國大夫王孫圉炫耀本國的富有，想當面使楚國受辱。王孫圉也發表了他對于寶物的觀點，認爲真正的寶物是賢能的人和富饒的國土，而不是晉國那些無大用的玩物。

原文　王孫圉①聘于晉，定公饗之，趙簡子②鳴玉以相，問于王孫圉曰：「楚之白珩③猶在乎？」對曰：「然。」簡子曰：「其爲寶也幾何矣？」曰：「未嘗爲寶。楚之所寶者，曰觀射父④，能作訓辭，以行事于諸侯，使無以寡君爲口實。又有左史倚相，能道訓典，以敘百物，以朝夕獻善敗于寡君，使寡君無忘先王之業。又能上下說乎鬼神，順道其欲惡，使神無有怨痛于楚國。又有藪曰雲，連徒洲，金、木、竹、箭之所生也，龜、珠、角、齒、皮、革、羽、毛，所以備賦⑤，以戒不虞者也。所以共⑥幣帛，以賓享于諸侯者也。若諸侯之好幣具，而導之以訓辭，有不虞之備，而皇神相之，寡君其可以免罪于諸侯，而國民保焉。此楚國之寶也。若夫白珩，先王之玩也，何寶焉？圉聞國之寶，六而已。聖能制議百物，以輔相國家，則寶之；玉⑦足以庇蔭嘉穀，使無水

賤貨尊賢

王孫圉認爲真正的寶物是賢能的人和富饒的國土，而不是晉國那些無大用的玩物。

旱之災，則寶之；龜足以憲臧否，則寶之；珠足以禦火災，則寶之；金足以禦兵亂，則寶之；山林藪澤，足以備財用，則寶之。若夫嘩囂之美，楚雖蠻夷，不能寶也。」

注釋

①王孫圉：春秋末期楚國大夫。②趙簡子：晉大夫趙鞅。③珩：系在玉佩上的横玉。④觀射父：楚大夫。⑤賦：指軍備財物。⑥共：同「供」，供給。⑦玉：指用于祭祀的玉器。

譯文

王孫圉到晉國訪問，晉定公盛宴款待他，趙簡子鳴響隨身帶的玉，問王孫圉說：「楚國的白珩還保存着嗎？」王孫圉回答說：「在。」簡子說：「那個寶物價值幾何啊？」王孫圉說：「並不將之當作寶。楚國之寶是觀射父，他能撰寫訓導和外交辭令，和各諸侯國交往，使我國國君不會有什麼話柄。還有左史倚相，能夠說出先王的教導，陳述各種事物，朝夕將成敗的經驗和教訓告訴國君，使國君不忘記先王的功業。還能使神明喜悦，順應它們好惡的規律，使神不會對楚國有怨懟。還有雲夢澤，它連接徒洲，是金屬、木材、竹子、箭杆的產地啊，烏龜、珍珠、犀角、象牙、皮革、箭羽、皮毛，用于軍備，以戒備外侵。這些可用來供應錢財布匹，給各諸侯國贈送和享用的啊。如果諸侯喜好

這些物品，再使用得體的外交辭令交往，有防備外來侵犯的軍備，那麼神靈會保佑我，我國君王能夠不被各諸侯國怪罪，國民就會安全。這就是楚國的寶貝啊。如白珩之類，衹是先王的玩物，哪稱得上是寶貝啊？我聽說國家的寶物，有六樣而已。聖賢能用來議論事務輔佐國家的，就將他當作寶；足以庇護五穀豐登的寶玉，避免水旱的災難，就將它當作寶；可卜告福禍的龜甲，就將它當作寶；足以用來抵禦火災的珍珠，就將它當作寶；金屬製成的足以抵禦兵亂的武器，就將它當作寶；足以供給各種材料的山林濕地沼澤，就將它當作寶。叮當吵鬧的美玉嘛，楚國雖然是野蠻偏遠之國，也不將它當作寶的。」

諸稽郢行成于吳　吳語《國語》

題解

前四九四年，吳國在夫椒大敗越國，不久吴王夫差繼續發兵攻打越國，越王勾踐不得已派諸稽郢出使吴國講和。諸稽郢利用夫差驕傲自大的心理，使用謙恭的言辭對夫差進行了一番恭維，並且提出了求和的請求，最終打動了夫差，使越國得以保存。

原文

吳王夫差起師伐越[1]，越王句踐起師逆[2]之江。大夫種乃獻謀曰：「夫吳之與越，唯天所授，王其無庸[3]戰。夫

吳楚材、吳調侯：言二子善用兵，衆心化之，猶一人善射，而百夫競著決拾以效之也。

吳王夫差

吳國在夫椒大敗越過，卻聽信越王勾踐派來使者的恭維，同意了求和的請求。之後越王勾踐卧薪嘗膽，擊敗了吳國。

中胥、華登④，簡服吳國之士于甲兵，而未嘗有所挫也。夫一人善射，百夫決拾⑤，勝未可成。夫謀必素見成事焉，而後履之，不可以授命。王不如設戎，約辭行成，以喜其民，以廣侈⑥吳王之心。吾以卜之于天。天若棄吳，必許吾成而不吾足⑦也，將必寬然有伯⑧諸侯之心焉。既罷弊⑨其民，而天奪之食⑩，安受其燼⑪，乃無有命矣。」

越王許諾，乃命諸稽郢⑫行成于吳，曰：「寡君句踐使下臣郢，不敢顯然布幣⑬行禮，敢私告于下執事⑭曰：昔者越國見禍，得罪于天王⑮。天王親趨玉趾⑯，以心

吳楚材、吳調侯：加此二句，見越心感德。已上述吳昔日之恩。

孤⑰句踐，而又宥赦之。君王之于越也，緊⑱起死人而肉白骨也。孤不敢忘天災，其敢忘君王之大賜乎！今句踐申禍無良，草鄙之人，敢忘天王之大德，而思邊陲⑲之小怨，以重得罪于下執事？句踐用帥二三之老，親委重罪，頓顙⑳于邊。今君王不察，盛怒屬兵，將殘伐越國，越國固貢獻之邑也，君王不以鞭箠㉑使之，而辱軍士，使寇令焉。句踐請盟。一介嫡女，執箕帚以晐姓于王宮㉒；一介嫡男，奉盤匜㉓以隨諸御。春秋貢獻，不解于王府。天王豈辱裁之？亦征諸侯之禮也。

「夫諺曰：『狐埋之而狐搰㉔之，是以無成功。』今天王既封殖㉕越國，以明聞于天下，而又刈㉖亡之，是天王之無成勞也。雖四方之諸侯，則何實以事吳？敢使下臣盡辭，唯天王秉利度義焉！」

注釋 ①吳王夫差起師伐越：前四九四年，吳國派兵伐越，在夫椒大敗越國，越王勾踐派大夫文種向吳國求和，夫差應允，但沒過多久，吳國再次起兵伐越。②句踐：越王允常的兒

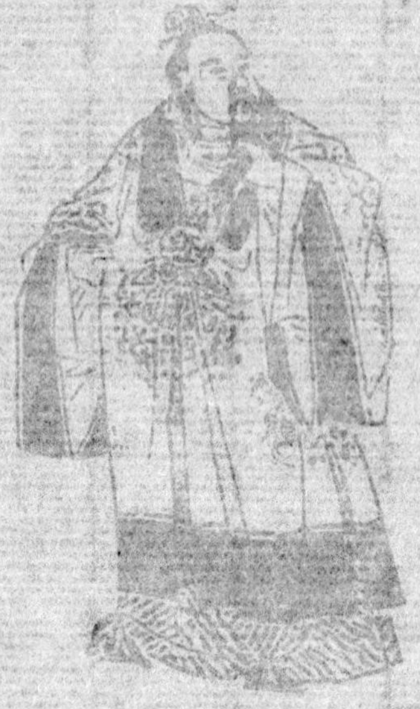

子。逆：迎戰。③庸：用。④申胥：伍子胥，被封于申地，所以又被稱爲申胥。華登：宋國司馬華費遂之子，華氏在宋國作亂，失敗後華登逃往吳國做了大夫。⑤決拾：射箭時使用的輔助工具。決，扳指，帶在右手的拇指上面，用來拉弓弦。拾，皮革制品，套在左臂，防止衣袖阻礙開弓。⑥廣侈：擴張，指故意讓夫差變得驕傲。⑦足：足慮，值得憂慮。⑧伯：通「霸」，稱霸。⑨罷弊：使疲勞。罷，通「疲」。⑩天奪之食：發生天災，糧食收成不好。⑪燼：灰燼，指吳國遭受天災之後的局面就像灰燼一樣。⑫諸稽郢：越國大夫。⑬幣：古代用來饋贈的禮物，如玉、帛、皮、馬等。⑭下執事：對吳王手下官員的尊稱，但實際上是針對吳王本人而言的，這樣稱呼吳王，有尊敬之意。⑮天王：對吳王的尊稱，此處指吳王之父闔閭。⑯趨玉趾：勞大駕，是一種尊敬的說法，此處指吳國在夫椒擊敗越國。⑰孤：捨棄。⑱繄：就是，就相當于。⑲邊陲：邊境。⑳頓顙：以頭叩地。顙，額頭。㉑鞭箠：鞭打坐騎，使之前進的工具，即鞭策。㉒箕帚：簸箕、笤帚，指打掃屋苑等家務活。晐姓：把各個姓氏的女子搜羅到天子的宮中。此處指勾踐準備把嫡親之女送給夫差做妃子。㉓盤匜：古代的盥洗用具。㉔搰：挖掘出來。㉕封殖：培植，培養。㉖刈：割。

譯文

吳國的國王夫差發兵進攻越國，越國的國王勾踐發兵在長江沿岸迎擊吳國軍隊。

越國大夫文種向越王勾踐獻上計策，說道：「吳國與越國的存亡，都是天意，大王您用不着再跟吳國打仗了。伍子胥和華登訓練出來的吳國的士兵，身上穿着簡單的服裝，他們從來就沒有打過敗仗。祇要其中一個人擅長射箭，那麼就有一百個人跟着他拿起決、拾，一起射箭，我們與之交戰，勝算很小。凡是謀劃一件事，就一定要預先料到肯定可以成功，然後再去做，不能隨便地下達作戰命令給士兵們。大王您不如一方面部署軍隊，做好防備，另一方面用謙卑的語言向對方求和，讓吳國的老百姓感到高興，同時也可以讓吳王的心裏變得更加驕傲自大。我們也可以通過占卜來請示上天。上天假如要拋棄吳國的話，一定會讓吳王答應我們求和的要求，而不會非要消滅我們，而且他一定會產生稱霸諸侯的野心啊。如果是這樣的話，那麼吳王就會不停地役使他的百姓，使吳國的百姓民心不振，如果趕上天災，我們就可以從容不迫地去收拾吳國的殘局，那時，吳國就不會再繼續存在了。」

越王認爲文種的意見是正確的，就派諸稽郢前往吳國向夫差求和，諸稽郢對吳王夫差說道：「我

吳楚材、吳調侯：全不以越爲意。

們的國王勾踐派我這樣一個小臣郢，不敢公然攜帶着錢財禮物向您表示敬禮，我大着膽子在私下裏對您的臣子說：過去，越國自己招惹災禍，冒犯了天王。天王親自移動那高貴的腳趾，踏上了我們國家那卑賤的土地，讓勾踐明白自己對不起您，然後您寬恕、赦免了他。大王您對我們越國來說，那眞是讓死人重新活過來、讓白骨上重新長出肉來那麼大的恩情。我們的國王不敢忘掉上天降下的災禍，同時也不敢忘掉君王您對越國的豐厚賞賜！現在勾踐沒有好的德行，再次招惹禍患，我們這些生活在草野之中的粗鄙人，怎麼敢忘掉天王您的大恩大德，卻總想着邊境上那些小的衝突，再次讓您的部下感到生氣並怪罪我們呢？勾踐因此帶着幾位老臣，要親自到吳國來向您認罪，在兩國邊界上對着您叩頭。如今大王您不瞭解眞實的情況，在盛怒的情況下帶兵來攻打越國，越國原本就是向吳國繳納貢賦的封地啊，君王您用不着拿着鞭子來驅趕我們，卻讓您的將士屈尊，讓他們執行對付敵國的命令。勾踐請您同意讓越國和吳國結盟。勾踐送來一個嫡親的女兒，願意讓她在您的身邊服侍您；還送來了一個嫡親的兒子，讓他在您身邊爲您捧着盥洗用具，任憑您的驅使。春、秋兩個季節，我們會把貢品送到您的府庫之中，絕對不敢有所怠慢。天王您又何必非要派兵消滅勾踐？難道這也是天子征討諸侯時需要

采納的慣例嗎。

「諺語是這樣說的：『狐狸剛剛把它埋進土裏，卻馬上又把它挖出來，所以沒辦法獲得成功。』如今天王您既然已經確定要扶植越國，您的明智也在天下公開傳播，現在卻要把它割除，那麼天王您對越國的扶植等于沒有什麼效果啊。如此一來，四方諸侯即使想侍奉吳國，吳國又拿什麼來取信于諸侯呢？勾踐大着膽子派小臣我把這些話對您全說了，衹希望天王您能夠根據利益和道義來重新衡量，做出決斷。」

申胥諫許越成　吳語《國語》

題解　吳國攻打越國，越王勾踐派諸稽郢去向吳王求和。伍子胥識破了越國的計策，主張不同意講和而消滅越國。但是，吳王夫差過于狂妄，覺得越國不會對吳構成威脅，于是沒有聽從伍子胥的正確意見，答應了越國的請求。

原文　吳王夫差①乃告諸大夫曰：「孤將有大志于齊，吾將許越成，而無拂吾慮②。若越既改，吾又何求？若其不改，反③行，吾振旅焉。」

吳楚材、吳調侯：夫差廣侈已極，祇越曾足爲大虞一語，雖有百諫諍，亦莫之入矣。胥、種謀國之智，若出一轍，而吳由以亡，越由以霸，用與不用異耳。

申胥④諫曰：「不可許也。夫越非實忠心好吳也，又非懾畏吾甲兵之強也。大夫種勇而善謀，將還玩⑤吳國于股掌之上，以得其志。夫固知君王之蓋威⑥以好勝也，故婉約⑦其辭，以從逸⑧王志，使淫樂于諸夏之國⑨，以自傷也。使吾甲兵鈍弊，民人離落，而日以憔悴，然後安受吾燼⑩。夫越王好信以愛民，四方歸之，年穀時熟，日長炎炎⑪，及吾猶可以戰也。爲虺⑫弗摧，爲蛇將若何？」吳王曰：「大夫奚⑬隆于越！越曾足以爲大虞乎？若無越，則吾何以春秋曜⑭吾軍士？」乃許之成。

將盟，越王又使諸稽郢辭⑮曰：「以盟爲有益乎，前盟口血未乾⑯，足以結信矣。以盟爲無益乎，君王捨⑰甲兵之威以臨使之，而胡重于鬼神而自輕也？」吳王乃許之，荒⑱成不盟。

注釋

①夫差：春秋時期吳國國君，吳王闔閭之子，曾經打敗越國，後驕傲輕敵，貪圖安樂，最終被勾踐打敗，自殺亡國。②而：通「爾」，你，你們。拂：違背。③反：通「返」。④申胥：名伍員，字伍子胥。因封于申地而被稱爲申胥。⑤還玩：把玩，玩弄。⑥蓋威：尚威，崇尚威力。⑦婉約：卑順，婉轉。⑧從逸：放縱，安逸，這裏有使動用法。從，通「縱」。⑨諸夏之國：指春秋時期地處中原地區的各個國家。⑩燼：灰燼，這裏指吳國遭受災禍之後的殘局。⑪炎炎：興旺的樣子。⑫虺：小蛇。⑬奚：爲什麼。⑭曜：通「耀」，炫耀。⑮辭：謝絕，拒絕。⑯口血未乾：指距盟時間不長。古代盟會時要把牲畜的血塗在嘴唇上，以示誠信。⑰捨：拋棄。⑱荒：空，虛，沒有實際行動。

伍子胥劍贈漁父

伍子胥，名員。春秋末期吳國大夫，軍事家、謀略家。

譯文

吳王夫差告訴他的臣子：「我對齊國有大的企圖，

因此同意越國的求和，你們不要反對我。如果越國已經改過，我還有什麼要求呢？如果它不悔改，從齊國回來，我率軍討伐它。」申胥勸道：「不能同意求和啊。越國並非真心和吳國和好，也不是害怕我們軍隊的強大。他們的大夫文種有勇有謀，把吳國玩弄在股掌之中，來實現他的願望。他本來就知道您樂于逞威鬥勝，所以說婉轉馴服的言辭，來使您的心志放縱，沉浸在征服中原各國的快樂中，來讓你自己傷害自己。使我們的武器鈍朽，民衆流離失所而日益憔悴，然後他們不必費力地收拾我們。而越王信用好愛惜民衆，鄰國都歸順他，年年穀物按時節成熟，日子過得蒸蒸日上，現在我們還能夠打敗他們。他們是小蛇的時候不摧毀它，成爲大蛇將怎麼辦？」吳王說：「大夫你何必如此抬高越國！越國能夠足以成爲大患嗎？如果沒有越國，那我春秋演習向誰炫耀我的軍隊啊？」同意與越國講和。

將要簽訂盟約時，越王又派諸稽郢推辭說：「要認爲盟誓有用嗎，上次盟誓時塗在嘴上的血尚未乾呢，足以表明信義啊。要認爲盟誓沒用嗎，君王家的軍隊便能威脅並使喚我們，幹嗎要看重鬼神而看輕您自己的威力啊。」吳王便同意講和，衹訂了和約，沒有盟誓。

《公羊傳》簡介

《公羊傳》是《春秋公羊傳》的簡稱，據說是孔子的再傳弟子公羊高爲解釋《春秋》一書所作，主要是闡發《春秋》中的微言大義。與《左傳》大不相同，它最初是在師徒之間口耳相傳，並沒有形成書面文字，直到西漢景帝時才由公羊壽和胡毋生寫定成書。也許因爲它是師徒之間講授《春秋》的記録稿，所以它的格式都是先引「經」，然後以自問自答的形式對每一個詞進行解釋，看上去好像是塾師自編的啓蒙教材。但是它時而穿鑿附會，時而剔抉精深的解釋和步步逼問窮追猛打所發掘的精義中，有時又隱含着中國文化尤其是儒家學說很重要的內容，所以後世也不知道有多少人在這裏找到了自己可以利用的理論武器。如其中的《春王正月》中的尊王大一統論，《宋人及楚人平》中的人本精神及《吳子使札來聘》中的君臣觀念，都曾經成爲後人借題發揮托古改制、干預現實的依據。

春王正月

隱年《公羊傳》

題解

此篇文章是對「元年春王正月」的解釋，進一步闡發了信奉王道、統一局勢

吴楚材、吴調侯：起數語，是一部春秋中元年春王正月總注。

吴楚材、吴調侯：先言可揜之勢，以見隱不負心，語絶含蓄。

的大一統思想。文章最後還通過魯隱公的例子來説明「立嫡以長不以賢，立子以貴不以長」的宗法繼承制度。

原文

元者何也？君之始年也。春者何？歲之始也。王者孰謂？謂文王也。曷①爲先言「王」而後言「正月」？王正月②也。何言乎王正月？大一統也。

公③何以不言即位？成公意也。何成④乎公之意也？公將平⑤國而反⑥之桓⑦。曷爲反之桓？桓幼而貴，隱長而卑，其爲尊卑也微，國人莫知。隱長又賢，諸大夫扳隱而立之。隱于是焉而辭立，則未知桓之將必得立也。且如桓立，則恐諸大夫之不能相幼君也。故凡隱之立，爲桓立也。隱長又賢，何以不宜立？立適⑧以長不以賢；立子以貴不以長。桓何以貴？母貴也。母貴則子何以貴？子以母貴，母以子貴。

注釋

①曷：通「何」，什麼。②王正月：這裏指周代的正月。③公：魯隱公，魯惠公的兒子，因爲是妾生的，所以無法正式立爲君主。④成：成全的意思。⑤平：治理。⑥反：通「返」，返還，還給。⑦桓：魯桓公，魯隱公的弟弟，也是妾生的。⑧適：通「嫡」，指嫡親。

譯文

「元年」的意思是什麼？是指君主即位的第一年。「春」的意思是什麼？是指新的一年的開始。「王」指的是誰？是指周文王。在這裏爲什麼先説「王」而後説「正月」？這是因爲是周王朝的正月。爲什麼説周王朝的正月？是爲了尊重大一統制度。

隱公爲什麼不説即位？是爲了成全隱公的意願。爲什麼説成全隱公的意願？因爲隱公打算把國家治理好，之後再把朝政還給桓公。爲什麼把朝政還給桓公？因爲桓公年幼卻地位尊貴，隱公年長卻地位低下；他們之間的尊卑差別非常小，國人都不知道。隱公年長而有德行，衆大夫都薦舉隱公，想要立他爲國君。隱公在這時如果推辭即位，就不確定以後桓公一定能立爲國君；如果立桓公爲國君，又擔心衆大夫不輔佐幼君。因此，總而言之，隱公現在即位，正是爲了桓公將來即位。隱公年長而有德行，立爲國君爲什麼不合適呢？因爲，立嫡子，憑借的是年紀的長幼而不是德行的善惡；立庶子，憑

借的是地位的尊卑而不是年紀的長幼。爲什麼桓公尊貴？因爲他的母親地位尊貴。母親尊貴，爲什麼兒子就會尊貴？母親憑借兒子尊貴，兒子憑借母親尊貴。

宋人及楚人平

宣公十五年《公羊傳》

題解　「宋人及楚人平」是《春秋》中的一句經文。這六個字，既有褒義，也有貶義。褒的是宋華元和司馬子反這兩位大夫能夠以誠相待，主動談和，從而使宋楚兩國的戰禍得以減輕。貶的是兩個人冒犯了國君的威權，擅自作主，在國君不知道的情況下就講和。這樣的先例一開，國君的權力就危險了。此文一定程度上反映了春秋時期戰爭的殘酷性，全篇采用的都是對話的語氣，雖然重複，但又有一定的變化，非常傳神。也能夠使讀者瞭解所謂的「春秋筆法」。

原文　外平不書①，此何以書？大其平乎己也②。何大其平乎己？莊王圍宋③，軍有七日之糧爾！盡此不勝，將去而歸爾。于是使司馬子反乘堙而窺宋城④。宋華元亦乘堙而出見之。司馬子反曰：「子之國何如？」華元曰：「憊矣！」曰：「何如？」曰：「易子而食之，析骸而炊之。」司馬子反曰：「嘻！甚矣，憊！雖然，吾聞之也，圍者柑馬而秣之，使肥者應客。是何子之情也？」華元曰：「吾聞之：君子見人之厄則矜⑤之，小人見人之厄則幸之。吾見子之君子也，是以告情于子也」司馬子反曰：「諾，勉之矣！吾軍亦有七日之糧爾！盡此不勝，將去而歸爾。」揖⑥而去之。

反⑦于莊王。莊王曰：「何如？」司馬子反曰：「憊矣！」曰：「何如？」曰：「易子而食之，析骸而炊之。」莊王曰：「嘻！甚矣，憊！雖然，吾今取此，然後而歸爾。」司馬子反曰：「不可。臣已告之矣，軍有七日之糧爾。」莊王怒曰：「吾使子往視之，子曷爲告之？」司馬子反曰：「以區區⑧之宋，猶有不欺人之臣，可以楚而無乎？是以告之也。」莊王曰：「諾，捨而止。雖然，吾猶取此，然後歸爾。」

吴楚材、吴調侯：說出實告之故，尤足動人。

吴楚材、吴調侯：莊王被子反感動，欲取不可，欲去不甘，意實無聊，故復作此語。

司馬子反曰：「然則君請處于此，臣請歸爾。」莊王曰：「子去我而歸，吾孰與處于此？吾亦從子而歸爾。」引師而去之。故君子大其平乎己也。此皆大夫也。其稱「人」何？貶。曷爲貶？平者在下⑨也。

注釋

①外平不書：此處指魯宣公十二年（前五九七年），楚莊王率軍進攻鄭國，鄭伯向楚國請降，楚莊王與其講和之事。《春秋》中對此沒有記載。外，魯國以外的國家。平，講和。②大：稱贊、贊揚。平乎己：講和在于自己，此處指華元、子反主動講和之事。③莊王圍宋：魯宣公十四年（前五九五年），楚莊王派大夫申舟出使齊國，途中經過宋國，卻沒有按照慣例向宋國借道，宋國大夫華元一怒之下殺死申舟，楚莊王于是在同年九月發兵攻打宋國。④司馬子反：楚國大夫，掌管軍政的大臣。乘：登上。堙：小土山，此處指用來進攻城池的工事。⑤矜：憐憫。⑥揖：作揖，古代的一種禮節。⑦反：通「返」，返回。⑧區區：很小的樣子。⑨平者在下：講和的人處于下位。

譯文

對于魯國之外的諸侯，他們之間互相講和的事跡，《春秋》上都沒有記載，這一次楚國和宋國的講和，爲什麼會破例記載在《春秋》裏面呢？這是爲了贊揚兩國的大夫主動提出了講和。爲什麼要贊揚兩位大夫主動講和的事跡呢？楚莊王率領軍隊進攻宋國，士兵們衹有七天的口糧了！如果軍糧吃完了還無法取勝的話，就衹能撤兵回楚國了。于是楚莊王就派司馬子反登上了攻打宋國都城時修建的土丘，窺視宋國國都之內的情況。宋國的大夫華元也登上了小土丘，出來與司馬子反見面。司馬子反問道：「你們那邊的情況怎麼樣？」華元說：「很疲憊啊！」子反問道：「疲憊到了什麼樣的情況？」華元說：「互相交換自己的孩子，然後殺死吃掉，把骨頭拆下來生火。」子反說：「啊！疲憊的程度很嚴重啊！我聽人說，被敵人圍困起來的軍隊，總是讓一般的馬嘴裏銜着木棍，不讓它們吃飽，而把膘肥體壯的馬牽出來讓人看。你爲什麼會這樣向我說實話呢？」華元對司馬子反說道：「我聽人說：君子見到別人處于困難的境地就會可憐他們，小人看到別人處于危難的境地就會幸災樂禍。我認爲你是個君子，所以把實情告訴你。」司馬子反說道：「啊，努力地防守吧！我國的軍隊也衹剩下了七天的口糧，如果吃完糧食還是沒辦法取勝的話，我們就會撤兵了。」說完，子反對着華元拱手作揖，兩人分別。

司馬子反回到了楚國的營地，會見楚莊王。莊王問道：「敵人的情況怎麼樣？」子反說道：「敵

人非常疲憊了！互相交換自己的孩子，然後殺死吃掉，把骨頭拆下來當柴燒。」楚莊王說道：「啊，敵人疲憊的程度很厲害啊！既然如此，我就等攻破宋國的都城之後再回師。」司馬子反說道：「不行啊，我已經對對方說了，我們也祇剩下七天的軍糧了。」莊王非常生氣地說道：「我讓你去察看敵人的情況，你爲什麼要向敵人泄露軍中的機密？」司馬子反說道：「宋國這麼小的一個國家，尚有不願意騙人的大臣，莫非我們楚國沒有這樣的人嗎？所以我就對他們說了實情。」莊王說道：「哦，那就這樣吧！儘管軍糧不充足，我仍然要等宋國的都城被攻破之後再回楚國。」司馬子反說道：「既然這樣，那就請大王您留在這裏好啦，我卻要向您請求回到國內去。」莊王說道：「你把我丟在這裏，自己一個人回去，我跟誰在這裏謀劃攻打敵人呢？我也跟你一起回去吧。」于是就率領所有的楚國軍隊離開了宋國。所以君子都對兩國大夫主動講和的行爲表示贊揚。他們都是國家的大夫。爲什麼《春秋》又祇是把他們稱爲「人」呢？那是因爲這個字對他們含有貶低的意味。爲何要對他們進行貶低呢？因爲他們瞞着國君在私下裏講和，這已經超出了他們的權力範圍。

吳子使札來聘

襄公二十九年《公羊傳》

題解

公子札的父親壽夢在位時，吳國就已稱王。但中原諸國將吳國視爲蠻夷之邦，《春秋》記事稱之爲「吳子」，爵位在公、侯、伯之下。而《公羊傳》出于「諸夏」的民族偏見和地域偏見，甚至否認吳國「有君、有大夫」，認爲《春秋》的說法抬高了吳國的地位。前五四四年，吳王派弟弟公子札訪問魯國。全文層層設問，步步深入，公子札的賢、仁、明禮，提高了吳國在諸侯中的地位。

原文

吳無君無大夫①，此何以有君有大夫？賢季子②也。何賢乎季子？讓國也。其讓國奈何？謁③也，餘祭也，夷昧也，與季子同母者四。季子弱④而才，兄弟皆愛之，同欲立之以爲君。謁曰：「今若是迮⑤而與季子國，季子猶不受也。請無與子而與弟。弟兄迭爲君，而致國乎季子。」皆曰：「諾。」故諸爲君者，皆輕死而爲勇，飲食必祝曰：「天苟有吳國⑥，尚速有悔于予身！」故謁也死，餘祭也立；餘

吳楚材、吳調侯：兩意一正一反，闔廬之言亦是。

祭也死，夷昧也立；夷昧也死，則國宜之季子者也。季子使而亡⑦焉。僚⑧者，長庶⑨也，即之。季子使而反，至而君之爾。

闔廬曰：「先君之⑩所以不與子國而與弟者，凡爲季子故也。將從先君之命與，則國宜之季子者也。如不從先君之命與，則我宜立者也。僚惡⑪得爲君乎？」于是使專諸⑫刺僚，而致國乎季子。季子不受，曰：「爾弒吾君，吾受爾國，是吾與爾爲篡也；爾殺吾兄，吾又殺爾，是父子兄弟相殺，終身無已也。」去之延陵⑬，終身不入吳國。故君子以其不受爲義，以其不殺爲仁。

延陵季子

吳季札之初使，北過徐，徐君好季札劍。季札知之，爲使上國，未獻。即還，徐君已死，乃挂劍于徐君冢樹而去。

賢季子，則吳何以有君有大夫？以季子爲臣，則宜有君者也。「札」者何？吳季子之名也。《春秋》賢者不名⑭，此何以名？許夷狄者，不壹而足也。季子者，所賢也，曷爲不足乎季子？許人臣者必使臣，許人子者必使子也。

吳楚材、吳調侯：臣子尊榮，莫不欲愈君父共之。故許之者，必使其可爲臣子。賢季子而稱名，所以使其爲吳臣子也。

注释

①吴無君無大夫：意指吴國乃夷狄，没有儒家所謂的君臣上下之禮。襄公十四年（前五五九年），吴國國君與其他國家會盟時，衹稱吴，諸侯不知其國君與大夫的名字。②季子：季札，春秋時吴王壽夢的幼子。壽夢想立他爲國君，他堅决推辭，被封于延陵。③謁：又稱諸樊，壽夢長子。下文中的餘祭、夷昧也是壽夢的兒子。④弱：年少。⑤迮：倉促。⑥有吴國：保有吴國。⑦亡：出外未歸。⑧僚：吴王夷昧之子，後成爲吴國國君，後被專諸刺殺。⑨長庶：衆子中年齡最大的。⑩君之：以之爲國君，這裏指把僚立爲國君。⑪惡：怎麼。⑫專諸：春秋時期吴國刺客，幫助公子光刺殺吴王僚，自己也被殺。⑬延陵：地名，位于今江蘇武進。⑭賢

題季札墓

孔子嘗題季札墓云：「嗚呼有吳延陵君子之墓。」

者不名：這裏指「春秋筆法」，對于具有儒家所謂的德行的人，衹稱字不稱名，表示對他的褒獎，反之則是貶斥。

譯文

《春秋》記載：吳國本無國君，無大夫，這則記載爲什麼又說它有國君，有大夫呢？是爲了表明季子的賢良。季子怎樣賢良呢？辭讓國君的位置啊。他辭讓君位是怎麼一回事呢？謁、餘祭、夷昧和季子是一母所生的四兄弟。季子年紀最小而有才幹，兄長們都愛他，都想立他做國君。謁說：「現在如果就這樣倉促地把君位給他，季子是不會接受的。我願不傳位給兒子而傳位給弟弟。由弟弟依次接替哥哥做國君，最後把國家交給季子。」餘祭、夷昧都說行。所以幾個哥哥在位時都不貪生怕死，每次就餐必定祈禱，說：「上天如果讓吳國存在下去，就早點將災難下降給我吧！」所以謁死了，餘祭做國君。餘祭死後，夷昧做國君；夷昧也死了，國君的位子應該傳給季子了。

季子出使逃避在外，僚是壽夢的庶長子，就即位了。季子出訪歸來，一到就把僚當作國君。

闔廬說：「先君不傳位給兒子，而傳位給弟弟的原因，都是爲了季子。要是遵照先君的遺囑呢，那麼君位應該傳給季子。要是不照先君的遺囑呢，那麼我該是國君。僚怎麼能做國君呢？」于是派專諸刺殺僚，而把國家交給季子。季子不接受，說：「你殺了我的國君，我受了你給予的君位，這樣就等于我和你一起篡位了；你殺了我哥哥的兒子，我又殺你，這樣父子兄弟相殘殺，一輩子也無法停止。」就離開國都到了延陵，終身不再入吳國。所以君子認爲他不受君位爲義，反對互相殘殺爲仁。

人們認爲季子賢德，那麼吳國爲什麼有國君、大夫呢？既然季子有資格爲臣，就應該有君啊。「札」是什麼呢？吳季子的名字。《春秋》對賢者不直稱其名，這裏爲什麼又稱名呢？認可夷狄，不能因爲他們做了一件好事就認爲夠條件了。季子被認爲賢德，爲什麼還不夠條件呢？贊美臣子，一定要使他像個臣子；贊美人子，一定要使他像個兒子。

吴楚材、吴調侯：春秋推見至隱，首誅其意，以正人心。

《穀梁傳》簡介

《穀梁傳》是《春秋穀梁傳》的簡稱，據説它也是孔子再傳弟子穀梁赤爲解釋《春秋》而作。主旨、格式、語言和《公羊傳》很相近，成書及寫定的過程也很類似，不過，據清代學者考證，《穀梁傳》成書應當比《公羊傳》晚，因爲它批評與引證過《公羊傳》，也引述過戰國中期人尸子的話。如果這些不是後人誤加進去的，那麼它成書最早也衹能在戰國中葉。

鄭伯克段于鄢

隱公元年《穀梁傳》

題解　本文出自《穀梁傳》，《穀梁傳》又被稱爲《春秋穀梁傳》，傳説是孔子的再傳弟子穀梁赤所作，它與《左傳》、《公羊傳》合稱「春秋三傳」。

「鄭伯克段于鄢」原是《春秋》中的一句話，《左傳》曾對其進行了詳細的闡述，本文以議論爲主，主要討論了鄭伯兄弟之間的關係，其觀點與《公羊傳》中對此事的記載大致相同，也比較符合《春秋》一書「微言大義」的宗旨。

原文　克者何？能也。何能也？能殺也。何以不言殺？見段之有徒衆也①。

段，鄭伯②弟也。何以知其爲弟也？殺世子③、母弟，目君，以其目君，知其爲弟也。

段，弟也，而弗謂弟；公子也，而弗謂公子，貶之也。段失子弟之道矣，賤段而甚④鄭伯也。何甚乎鄭伯？甚鄭伯之處心積慮，成于殺也。

于鄢⑤，遠也，猶曰取之其母之懷中而殺之云爾，甚之也。然則爲鄭伯者，宜奈何？緩追逸賊⑥，親親之道也⑦。

注釋　①段：鄭莊公的弟弟，因受封于京邑，故稱京城大叔，後叛逃至共國，又稱共叔段。徒衆：士兵和百姓。②鄭伯：鄭莊公，前七四三年—前七四一年在位。③世子：古代天子和諸侯的嫡長子，也是其合法繼承人。④甚：嚴厲責備。⑤鄢：鄭國城池名，位于今河南鄢陵

縣境內。⑥賊：做了大壞事的人。⑦親親：親愛自己的親人。

【譯文】「克」這個字是什麼意思呢？就是「能夠做到」的意思。能做些什麼呢？就是能夠「殺」的意思。爲什麼書中不直接説鄭伯殺死了共叔段呢？那是因爲要有很多人追隨共叔段。

共叔段是鄭莊公的親弟弟。如何得知他是弟弟呢？因爲如果國君殺死了嫡長子，或者是自己的同母胞弟，《春秋》一書中就會用國君的爵號來稱呼他，如今書中稱呼鄭莊公爲鄭伯，那麼就能知道共叔段是鄭伯的弟弟。

共叔段是國君的弟弟，可是書中不稱他爲弟；共叔段本來應該是公子，可是也沒有稱他爲公子，這便表明書中對他是采取貶斥態度的。由于共叔段已然丟掉了身爲一個公子和弟弟應該具備的道德，因此《春秋》對于共叔段采取鄙視態度，也對鄭伯提出了嚴厲的批評。

鄭伯有哪些地方是受人批評的呢？就是鄭伯總是想盡一切方法，故意讓弟弟走上邪路，然後殺死了他。

《春秋》中鄭伯是在鄢這個地方打敗共叔段的，這説明鄢與鄭國都城的距離很遙遠，就像從母親的懷裏把嬰兒奪過來殺掉一樣，這是鄭伯受到嚴厲指責的地方。

既然這樣，那麼鄭伯怎樣做才算恰當呢？慢慢地追趕已經逃遠了的賊子共叔段，這才是親近自己同母兄弟的表現。

虞師晉師滅夏陽

僖公二年《穀梁傳》

【題解】前六五八年，晉獻公以重禮賄賂虞君，借道伐虢。虞賢臣宮之奇識破了晉國一箭雙雕的用意，勸諫虞君不要上當。虞君不聽，還派兵幫助晉國攻下了虢邑夏陽。《穀梁傳》記載，晉國當年就滅了虢國，五年以後又滅虞。《左傳》認爲晉攻下夏陽，但未即滅虢。三年以後，晉再次向虞國借道，滅了虢國，還師途中又滅掉虞國。

【原文】非國而曰滅，重夏陽也①。虞②無師，其曰師，何也？以其先③晉，不可以不言師也。其先晉何也？爲主④乎滅夏陽也。夏陽者，虞、虢⑤之塞邑也。滅夏陽而虞、虢舉矣。

吴楚材、吴調侯：人不得居師上，故言師。

虞之爲主乎滅夏陽，何也？晉獻公⑥欲伐虢，荀息⑦曰：「君何不

吳楚材、吳調侯：看得明，挈得定，快語斬截，是能成功。

吳楚材、吳調侯：全篇總是寫虞師主滅夏陽，筆端清婉，迅快無比。中間玩好在耳目之前一段，尤異樣出色，禍患之成，往往墮此，古今所同慨也。

智荀息假途滅虢

以屈⑧產之乘，垂棘⑨之璧，而借道乎虞也？」公曰：「此晉國之寶也。」如受吾幣⑩而不借吾道，則如之何？」荀息曰：「此小國之所以事大國也。彼不借吾道，必不敢受吾幣。如受吾幣而借吾道，則是我取之中府⑪而藏之外府，取之中廄而置之外廄⑫也。」公曰：「宮之奇⑬存焉，必不使受之也。」荀息曰：「宮之奇之爲人也，達心而懦，又少長⑭于君。達心則其言略，懦則不能強諫，少長于君，則君輕之。且夫玩好⑮在耳目之前，而患在一國之後，此中知以上乃能慮之。臣料虞君，中知以

下也。」

公遂借道而伐虢。宮之奇諫曰：「晉國之使者，其辭卑而幣重，必不便于虞。」虞公弗聽，遂受其幣而借之道。宮之奇又諫曰：「語曰：『脣亡則齒寒⑯。』其斯之謂與！」挈⑰其妻子以奔曹。

獻公亡虢五年，而後舉虞⑱。荀息牽馬操璧而前曰：「璧則猶是也，而馬齒⑲加長矣。」

注釋

①重：重視。夏陽：虢邑名，在今山西平陸東北。②虞：春秋時期一個小國，位于今山西平陸。③先：先導。④主：禍首。指虞國國君貪圖賄賂，答應讓晉國軍隊通過本國去伐虢。⑤虢：春秋時國名。這裏指北虢，位于今山西平陸與河南陝縣一帶。⑥晉獻公：姬姓，在位二十六年。⑦荀息：晉國大夫。⑧屈：晉國城邑，位于今山西吉縣北，盛產駿馬。⑨垂棘：晉國地名，出產美玉。⑩幣：用來贈送的禮物。⑪中府：國君宮中儲藏財寶的倉庫。下文中的「外府」指宮外儲藏財寶的倉庫。⑫中廄：國君宮中的馬廄。⑬宮之奇：虞國大夫。⑭長：年

長。⑮玩好：供玩賞的物品。⑯唇亡則齒寒：嘴唇沒有了，牙齒就會覺得寒冷。喻指虞國和虢國關係非常密切，擁有共同的利害關係。⑰挈：帶領。⑱舉：攻占。⑲馬齒：年齡。通過馬的牙齒可以知道馬的年齡。

【譯文】不是一個國家但稱之爲滅，是看重夏陽。虞國並未出兵，《春秋》說是師，爲什麼呢？因爲虞國在晉之前就讓夏陽無法保全。爲什麼說虞在晉之前就令夏陽無法得救呢？因爲它是滅夏陽的主要因素。夏陽，是虞、虢交界處虢國的一個要塞。夏陽被滅，虞、虢兩國都到手了。

虞國爲什麼是夏陽被滅的主要原因呢？晉獻公想要討伐虢國，荀息說：「君主爲什麼不用北屈出產的馬和垂棘出產的玉，去向虞國借路呢？」獻公說：「這是晉的國寶，如果受了我的禮物而不借路給我，那又該怎麼辦呢？」荀息說：「這就是小國侍奉大國的原因。它不借路給我們，一定不敢接受我們的禮物。如受了我們的禮而借路給我們，那就是我們從宮中的庫房裏拿出來，而藏在外面的庫房裏，從裏面的馬房裏拿出來，而放在外面的馬房裏。」獻公說：「宮之奇在，一定不讓虞君這麼做的。」荀息說：「宮之奇的爲人，心裏明白，但是膽小，又比虞君大不了幾歲。心裏明白，話就說得簡短，

怯懦就不能拼命諫阻，比虞君大不了幾歲，虞君就不尊重他。再加上珍玩心愛的東西就在耳目之前，而災禍在一個國家之後，這一點是有中等智力以上的人才能想到的。臣料想虞君是中等智力以下的人。」

獻公就向虞國借路征伐虢國。宮之奇對虞君說：「晉國的使者言辭謙卑但禮物貴重，一定對虞國沒有好處。」虞公不聽，就接受了晉國的禮物而借路給晉國。宮之奇又諫道：「俗語說：『嘴唇沒有了，牙齒就會感到寒冷。』說的不就是虢國和虞國的關係嗎？」他帶領妻兒投奔曹國去了。

晉獻公滅了虢國，魯僖公五年，占領了虞國。荀息牽着馬捧着玉，走到晉獻公面前說：「玉還是這樣，而馬的年齡大了。」

《禮記》簡介

《禮記》，西漢戴聖編纂。聖字次君，梁（今河南商丘）人，宣帝時博士，曾任九江太守。世稱其叔父戴德爲大戴，聖爲小戴。因此《禮記》又世稱《小戴禮記》，凡四十九篇。其中《檀弓》記述古代居喪、治喪等；《禮運》記大同、小康的政治理想；《學記》記秦漢以前的學校制度、教學內容和方法及闡述一些教育經驗；《表記》、《緇衣》記孔

吳楚材、吳調侯：明其詭，則姬必誅，是使君失所安，而傷其心也。

吳楚材、吳調侯：陷親不義，不得爲純孝，但得謚恭而已。結寓責備申生意。文情宕逸。

子論修養的語録。《禮記》中的議論文結構嚴謹，雍容大雅，記敘文中的《坊記》文筆洗練，言簡意賅。《檀弓》中的叙事小品形象生動，意味雋永。傳世的有東漢鄭玄的《禮記注》，唐孔穎達的《禮記正義》，清孫希旦的《禮記集解》等。《禮記》在唐列爲《九經》之一，宋代列于《十三經》中，今通行于《十三經注疏》本。

晉獻公殺世子申生

檀弓上《禮記》

題解 晉獻公的寵妃驪姬欲立自己的兒子奚齊，便設法誣陷世子申生要下毒謀害晉獻公篡位，于是獻公要殺申生。申生不辯解，也不逃走，而是選擇了自盡。他的這種做法符合封建禮教的觀念，在封建社會得到了稱贊，但這是一種愚忠愚孝的行爲，不祇是自己丢了性命，還導致了晉國的内亂，對于國家和自己都没有好處。

原文 晉獻公將殺其世子申生①，公子重耳謂之曰：「子蓋②言子之志于公乎？」世子曰：「不可。君安驪姬，是我傷公之心也。」曰：「然則蓋行乎？」世子曰：「不可。君謂我欲弑③君也。天下豈有無父之國哉！吾何行如之？」

使人辭于狐突④曰：「申生有罪，不念伯氏之言也，以至于死。申生不敢愛其死。雖然，吾君老矣，子⑤少，國家多難⑥。伯氏不出而圖吾君，伯氏苟出而圖吾君，申生受賜⑦而死。」再拜稽首，乃卒。是以爲恭世子也。

嘗糞憂心

古代孝敬父母的故事很多，南齊黔婁嘗父親的糞便判斷病情就是一例。然而申生這種愚忠愚孝的行爲于國于己都没有好處。

注釋 ①晉獻公：春秋時期晉國國君，前六七六年到前六五一年在位。世子：古代指天子或諸侯的嫡長子。申生：晉獻公的嫡長子，爲晉獻公夫人齊姜所生，後晉獻公寵幸驪姬，驪姬想讓自己的兒子奚齊繼位爲國君，于是陷害申生，逼迫申生自殺。②蓋：通「盍」，何不。與下

文「然則蓋行乎」中的「蓋」意思相同。③弒：古代臣殺君、子殺父稱弒。④狐突：字伯，申生的師傅，下文中申生稱其「伯氏」爲尊稱。⑤子：指驪姬所生之子奚齊。⑥國家多難：申生死後，晉獻公的幾個兒子爲了爭奪國君之位而互相殘殺，致使晉國出現内亂。⑦賜：恩惠。

【譯文】晉獻公將要殺他的世子申生。公子重耳對申生說：「您爲什麼不把您的想法跟君王說清楚呢？」申生說：「不行。君王有驪姬才得安適，這樣做會使君王傷心。」（重耳）說：「那麼你爲何不出逃呢？」世子說：「不行。是國君說我要弒君啊，天下哪有無父之國！我逃到哪裏去啊？」

申生派人向狐突辭別道：「申生有罪，沒有聽您的話，以至今日死之將至。我不敢吝惜生命。雖然如此，君王年老，弟弟尚且年幼，國家將有許多災難。您不出來幫君王謀劃就算了，您如果出來輔佐君王，我雖死也感激您的恩德。」申生叩頭至地，拜了兩拜，然後自縊赴死。人們稱之爲「恭世子」。

曾子易簀

檀弓上《禮記》

【題解】儒家倡導「克己復禮」，作爲孔子的學生，曾子很好地做到了這一點。在臨死之前，曾子堅持換掉季孫送給他的一條大夫才能用的竹席，因爲這與他的身份地位不相符合——即使在臨死之時，他也不願違背禮法。

吳楚材、吳調侯：點次錯落有致。

【原文】曾子寢疾①，病。樂正子春②坐于床下，曾元、曾申③坐于足，童子隅坐④而執燭。

童子曰：「華而睆⑤，大夫之簀⑥與？」子春曰：「止！」曾子聞之，瞿然⑦曰：「呼⑧？」曰：「華而睆，大夫之簀與？」曾子曰：「然！斯季孫之賜也⑨，我未之能易也。元，起易簀！」曾元曰：「夫子之病革⑩矣，不可以變。幸而至于旦，請敬易之。」曾子曰：「爾之愛我也不如彼。君子之愛人也以德，細人之愛人也以姑息。吾何求哉？吾得正而斃焉，斯已矣。」舉扶而易之，反席未安而沒⑪。

【注釋】①曾子：春秋時期魯國人，孔子弟子，名參，子子輿，曾點之子。寢疾：卧病在床。②樂正子春：子春是曾子弟子，官任樂正。樂正爲公室樂官名。③曾元、曾申：都是曾參的兒子。④隅坐：在角落裏坐着。⑤睆：光亮。⑥簀：竹席。⑦瞿然：驚異的樣子。⑧呼：虛

詞，表示想要發出詢問。⑨斯：這。季孫：春秋時期魯國大夫。⑩革：危急。⑪沒：通「歿」，去世。

譯文 曾子躺在床上，病得很重。樂正子春坐在床旁下，曾元、曾申坐在曾子腳邊，童僕坐在角落手拿蠟燭。

童僕說：「華美而光潔，是大夫才能用的竹席吧？」子春說：「住口！」曾子聽見這話，驚醒說：「啊！」童僕又說：「華美而光潔，那是大夫才能用的竹席嗎？」曾子說：「是的。那是季孫送的，我沒有來得及更換啊。元，扶我起來換竹席。」曾元說：「您的病非常危重，不能動。願您能堅持到早晨，到時一定遵從您的意思把席子換了。」曾子說：「你愛我不如童子。君子以德愛人，見識不夠的人則姑息遷就。我而今還能有何求？衹要能得到正道，死去也就完滿了。」扶着抬起他更換了竹席，把他放回席子上，還沒躺好，他就死了。

有子之言似夫子

檀弓上《禮記》

題解 這篇文章記載了孔子的三個弟子有若、曾參、子遊對孔子所說「喪欲速貧，死欲速朽」進行的一番討論。因爲采用了不同的思考方法，所以對于孔子的同一句話，三個人産生了不同的理解。有子全面、客觀地去分析這句話，與孔子平時的言行相聯系，得出了正確的判斷；子遊根據孔子說這些話時所處的背景，對問題本身進行詳細的剖析；而曾子却句句照搬，機械地理解，犯了斷章取義的錯誤。這篇文章分析問題的方法對現代人依然有很大的教育意義。

原文 有子問于曾子曰①：「問喪于夫子乎②？」曰：「聞之矣：『喪欲速貧，死欲速朽。』」有子曰：「是非君子之言也。」曾子曰：「參也聞諸夫子也。」有子又曰：「是非君子之言也。」曾子曰：「參也與子遊③聞之。」有子曰：「然。然則夫子有爲言之也④。」

曾子以斯言告于子遊。子遊曰：「甚哉，有子之言似夫子也！昔者，夫子居于宋⑤，見桓司馬自爲石椁⑥，三年而不成。夫子曰：『若是其靡⑦也，死不如速朽之愈⑧也。』『死之欲速朽』，爲桓司馬言之也。

吳楚材、吳調侯：平日門人皆以有子之言爲似夫子，故子遊嘆其甚。

南宮敬叔⑨反，必載寶而朝⑩。夫子曰：『若是其貨⑪也，喪不如速貧之愈也。』喪之欲速貧，爲敬叔言之也。」

曾子以子遊之言告于有子。有子曰：「然！吾固曰非夫子之言也。」曾子曰：「子何以知之？」有子曰：「夫子制于中都⑫：四寸之棺，五寸之椁。以斯知不欲速朽也。昔者夫子失魯司寇⑬，將之荆，蓋先之以子夏⑭，又申之以冉有⑮。以斯知不欲速貧也。」

注釋

①有子：名若，字子有，孔子的弟子。曾子：曾參，字子輿，孔子的弟子。②問：當作「聞」。喪：喪失，指失去官職。③子遊：姓言，名偃，字子遊，孔子的弟子。④然則：既然這樣，那麽。有爲言之：有所指而言，即在特殊情況下說的這些話。⑤宋：春秋時國名，在今河南商丘一帶。⑥桓司馬：桓魋，宋國主管軍事的大臣。椁：套在棺材外面的大棺材。⑦靡：奢侈，浪費。⑧愈：好。⑨南宮敬叔：也稱仲孫閱，春秋時期魯國人，曾因在魯國失去官位而到别國，後來載着寶物回到魯國朝見魯國國君。⑩載寶而朝：帶着寶物朝見國君，這裏指向國君行賄。⑪貨：賄賂。⑫制：立下規定，制定法度。中都：魯國城邑，位于今山東汶山縣西。孔子曾經在這裏做官。⑬司寇：掌管刑罰司法的官員。⑭子夏：卜商，字子夏，春秋時期衛國人，孔子弟子。⑮申：申明。冉有：名求，字子有，孔子弟子。

譯文

孔子的弟子有若問曾參：「你曾經問過夫子有關失去官職這方面的事情嗎？」曾參回答說：「我聽他說過：『希望失官職以後快些貧窮，希望死了以後快些腐爛。』這樣的話。」有若說道：「這不像是從君子口中說出來的話。」曾參說道：「我確實是從夫子那兒聽到的。」有若說：「這不像是從君子口中說出來的話。」曾參說道：「我跟子遊一起都聽到了夫子說這話。」有若說：「好吧。就算夫子確實說過這樣的話。但他肯定也有一定的原因。」

曾子把有若的話對子遊說了。子遊說道：「眞是太像了，有若的話很像是夫子說的！那個時候夫子在宋國居住，看見司馬桓魋給自己造石椁，過了三年還沒有做成。先生就說道：『像桓魋這樣奢靡的人，死了以後腐爛得越快越好啊。』『希望人死了快些腐爛』，是針對桓司馬那樣的做法而言的。南宮敬叔因爲失去官職離開魯國，回國的時候，帶着很多寶物去朝見魯國國君，向國君行賄。夫子說：『像

吴楚材、吴調侯：弔爲正禮，故以且曰起下辭。

南宮敬叔這樣用錢財來行賄的人，丟了官以後不如快些變得貧窮才好啊。』希望丟官以後快些貧窮，是針對敬叔的做法而言。」

曾參把子遊的話對有若說了。有若說道：「對啊！我本來不就說這不是夫子所說的話嗎。」曾參問道：「你又是怎麼知道這話不是夫子說的呢？」有若說道：「夫子在中都做官時制定下了制度：棺材板的厚度是四寸，椁的厚度是五寸。據此可知，夫子是不希望人們死後快速腐爛的。以前夫子在失去魯國司寇這個官職的時候，想去楚國，就先派子夏前往楚國打聽消息，又派冉有去楚國表明自己的想法。據此可知，夫子是不願意在失去官職之後迅速變得貧窮的。」

公子重耳對秦客

檀弓下《禮記》

題解　晉獻公于前六五一年去世，這時重耳還在秦國流亡。秦穆公派人去勸說重耳回國掌權，但此時重耳處于喪期，于禮不該回國奪權，同時他也不明白秦穆公的真正意圖，所以婉言拒絕了。

原文　晉獻公之喪①，秦穆公使人弔公子重耳②，且曰：「寡人聞之：『亡國恒于斯，得國恒于斯。』雖吾子儼然③在憂服之中，喪亦不可久也，時亦不可失也，孺子④其圖之！」

以告舅犯⑤。舅犯曰：「孺子其辭焉。喪人無寶，仁親以爲寶。父死之謂何？又因以爲利，而天下其孰能說之。孺子其辭焉。」

公子重耳對客曰：「君惠弔亡臣重耳，身喪父死，不得與于哭泣之哀，以爲君憂。父死之謂何？或敢有他志以辱君義⑥？」稽顙⑦而不拜。哭而起，起而不私。

子顯以致命于穆公。穆公曰：「仁夫公子重耳！夫稽顙而不拜，則未爲後也，故不成拜⑧；哭而起，則愛父也；起而不私，則遠利也。」

注釋　①喪：正處于喪期。②秦穆公：春秋時期秦國國君，前六五九年到前六二一年在位。人：下文中的子顯，他是秦穆公的兒子。弔：慰問。重耳：晉文公，姬姓，名重耳，春秋五霸之一。③儼然：莊重的樣子。④孺子：春秋時期指能够繼承國君職位的人。⑤舅犯：狐偃，

字子犯，重耳的舅父。⑥或：怎麼。他志：其他的想法，這裏指謀奪國君之位。⑦稽顙：古代居父母之喪跪拜賓客的禮節，以額觸地，表示哀痛。⑧成拜：古代的一種喪禮。主喪之人對前來弔唁的客人先稽顙，後拜謝，稱爲「成拜」。重耳覺得自己並非晉國國君的繼承人，所以没有資格主喪，也就不能以「成拜」之禮答謝客人。

譯文 晉獻公去世了，秦穆公派子顯慰問公子重耳，並且説：「寡人聽説：『失去君主的權力，常常在這個時候；得到君主的權力，也常常在這個時候。』雖然您正莊嚴地服喪，但流亡也不可太久，良機也不可錯失，您應早做安排啊！」

重耳將這事告知舅犯。舅犯説：「您應該推辭。居喪之人没有寶貴的東西，衹有仁愛和親情才寶貴。父親死去這叫作什麼樣的事情啊？還要利用這事來奪權，天下有誰會理解你呢？您應該推辭。」

重耳對秦國的客人説：「貴君慰問流亡的人重耳，我在外流亡，父親死去也不能回去哭泣表達悲哀，而讓您操心了。父親死去這叫作什麼樣的事情啊？我哪裏還有其他的圖謀而辜負貴君的情義呢？」

重耳行稽顙之禮但不拜謝，哭着起身，起身後不再與秦國來的客人私談。

子顯復命將事情稟告穆公。穆公説：「仁人啊，公子重耳！叩頭但不拜謝，就表示還不是繼承人啊，所以不拜謝。哭着站起，就表示敬愛父親；起身後不與賓客私談，表示不以得君位爲利而避開。」

杜蕢揚觶

檀弓下《禮記》

題解 這篇文章講的是古代的禮制。杜蕢雖然是個厨師，但他很聰明，也很幽默，知道怎樣提意見才能讓晉平公接受。假如杜蕢當場直接指出晉平公的過失，晉平公很可能不會接受。所以他在罰酒三杯以後，就快步走出，這一舉動讓晉平公覺得怪異，所以才會向杜蕢發問，這時，杜蕢才把自己的想法説出來，晉平公也就樂于接受了。

原文 知悼子①卒，未葬，平公②飲酒，師曠、李調侍③，鼓鐘。杜蕢④自外來，聞鐘聲，曰：「安在？」曰：「在寢。」杜蕢入寢，歷階而昇，酌曰：「曠飲斯！」又酌曰：「調飲斯！」又酌，堂上北面坐飲之⑤。降趨而出。

晉獻公去世了。秦穆公派子顯去慰問公子重耳，並且說：「寡人聽說，失去君主的權力常常在這個時候，得到君主的權力，也常常在這個時候。雖然您正莊嚴地服喪，但流亡也不可太久，良機也不可錯失，您應早做安排啊！」

重耳將這事告知舅犯。舅犯說：「您應該推辭。居喪之人沒有寶貴的東西，所有仁愛和親情才寶貴。父親死去這可作什麼樣的事情啊？還要利用這事來爭權，天下有誰會理解你呢？您應該推辭。」

重耳對秦國的客人說：「貴君惠問流亡的人重耳，我在外流亡，父親死去也不能回去哭泣表達悲哀，而讓您操心了。父親死去這可作什麼樣的事情呢？怎敢還有其他的圖謀而辜負貴君的情義呢？」重耳行稽顙之禮但不拜謝，哭著起身，起身後不再與秦國來的客人私談。

子顯復命將事情稟告穆公。穆公說：「仁人啊，公子重耳！叩頭但不拜謝，就表示還不是繼承人啊，所以不拜謝。哭著站起，就表示敬愛父親；起身後不與賓客私談，表示不以得君位為利而避開。」

杜蕢揚觶

檀弓下《禮記》

這篇文章講的是古代的禮制。杜蕢雖然是個廚師，但他很聰明，也很幽默，知道怎樣說話才能讓晉平公接受。假如杜蕢當場直接指出晉平公的過失，晉平公很可能不會接受。所以他在罰酒三杯以後，就快步走出，這一舉動讓晉平公覺得很奇異，所以才會向杜蕢發問。這時，杜蕢才把自己的想法說出來，晉平公也就樂於接受了。

知悼子①卒，未葬，平公②飲酒，師曠、李調侍③，鼓鐘。杜蕢④自外來，聞鐘聲，曰：「安在？」曰：「在寢。」杜蕢入寢，歷階而升，酌曰：「曠飲斯！」又酌曰：「調飲斯！」又酌，堂上北面坐飲之⑤。降，趨而出。

吳楚材、吳調侯：爾之初入，我意必有所開發于我，是以不先與爾言。

德行忠信

晉平公問于師曠曰：「人君之道如何？」對曰：「人君之道清净無爲，務在博愛，趨在任賢；廣開耳目，以察萬方；不固溺于流俗，不拘繫于左右；廓然遠見，踔然獨立；屢省考績，以臨臣下。此人君之操也。」平公曰：「善！」

平公呼而進之，曰：「蕢！曩者爾心或開予，是以不與爾言。爾飲曠，何也？」曰：「子卯不樂⑥。知悼子在堂⑦，斯其爲子卯也大矣！曠也，太師⑧也。不以詔，是以飲之也。」「爾飲調，何也？」曰：「調也，君之褻臣也。爲一飲一食忘君之疾，是以飲之也。」「爾飲，何也？」曰：「蕢也，宰夫⑨也，非刀匕是共⑩，又敢與知防⑪，是以飲之也。」平公曰：「寡人亦有過焉，酌而飲寡人。」杜蕢洗而揚觶⑫。公謂侍者曰：「如我死，則必毋廢斯爵也！」

至于今，既畢獻⑬，斯揚觶，謂之「杜舉」。

注釋

①知悼子：名罃，春秋時期晉國大夫。悼是他死後的謚號。②平公：晉平公，春秋時期晉國國君，前五五七年—前五三二年在位。③師曠：春秋時期晉國著名樂師。李調：晉國大臣，受晉平公寵愛。侍：作陪。④杜蕢：晉平公手下的厨師。⑤北面：面向北方。坐：跪坐，兩膝着地，臀部坐于脚跟上。⑥子卯不樂：據説商朝的末代君主紂王在甲子日那天自焚而死，夏朝的末代君主桀在乙卯日被流放，因此甲子和乙卯兩個日子就成了此後歷代君王忌諱的日子，這兩天禁止飲酒作樂。⑦在堂：靈柩還停放在殿堂内没有安葬。知悼子是晉平公十分親近的大臣，死後没有下葬，晉平公就飲酒奏樂，這也是一種忌諱。⑧太師：樂師。⑨宰夫：厨師。⑩匕：羹匙。共：通「供」。⑪知防：明察和防止違背禮制的事情。⑫揚：舉起。觶：古代的一種飲酒器具。⑬獻：敬酒。

譯文

知悼子去世了，葬禮還沒有舉行，平公就開始飲酒享樂，樂師曠、寵臣李調在旁邊侍奉晉平公，而且敲擊編鐘來演奏樂曲，爲晉平公助興。廚師杜蕢從外邊進來，聽到了編鐘的聲音，就問

吳楚材、吳調侯：張老之言善于頌，文子所答善于禱。

道：「大王在哪裏？」有人回答道：「在內室裏面。」杜蕢到了內室，從臺階走到酒席前面，斟了一杯酒，對師曠說道：「師曠把這杯酒喝了。」又斟了一杯酒，說道：「李調把這杯酒乾了。」又斟了一杯酒，自己在殿堂上面對北面的晉平公坐下來，喝了那杯酒。然後杜蕢走下了臺階，小跑着出去了。

晉平公覺得奇怪，就把他叫進來，問道：「杜蕢！剛剛我覺得你可能是心裏有什麼話要說出來教導我，因此沒有跟你說話。你罰師曠喝了一杯酒，是什麼原因？」杜蕢回答道：「甲子日和乙卯日是不能演奏樂曲的，現在知悼子的靈柩還在堂上停着，這比甲子日和乙卯日的意義要大多了！師曠是太師。他居然不把這個道理告訴您，所以應該罰他喝一杯酒啊。」「那麼你爲什麼又要罰李調喝一杯酒呢？」杜蕢回答道：「李調是您寵愛的大臣。因爲貪圖吃喝而忘記了君主應該忌諱的事情，所以也要罰他喝一杯酒。」「那麼你爲什麼又要罰自己喝一杯酒呢？」杜蕢回答道：「我杜蕢衹不過是一個負責割肉切菜的廚師，不去負責供應刀勺這樣的事務，卻來對國王講一些預防錯誤的道理，這也是不合禮制的，所以罰自己也喝一杯酒。」晉平公說道：「這麼說，我自己也犯了過錯啊。斟一杯酒來罰我吧。」於是杜蕢把酒杯洗乾淨，然後高高地舉起來，向晉平公獻酒。平公對身邊的侍從說道：「假如我死了，

一定不能把這個酒杯丟掉啊。」

一直到現在，人們在敬完酒以後，都會把酒杯高高地舉起來，並且稱之爲「杜舉」。

晉獻文子成室

檀弓下《禮記》

題解 趙氏是晉國的一個大族，歷代輔佐晉侯。晉景公三年，晉國司寇屠岸賈勾結諸將軍構罪族滅趙氏，趙朔的夫人懷着身孕躲進宮中，生下趙武，就是本篇所記的文子，即「趙氏孤兒」。十五年後，趙武得到韓厥的幫助，滅屠岸賈報仇。本篇中趙武新室築成，張老在贊頌的同時，也規勸趙家不要因奢侈惹禍，趙武也表示聽從勸告。

原文 晉獻文子成室，晉大夫發焉。張老曰：「美哉輪①焉，美哉奐②焉！歌于斯，哭于斯，聚國族于斯。」文子曰：「武也得歌于斯，哭于斯，聚國族于斯，是全要領以從先大夫于九京也③。」北面再拜稽首。君子謂之善頌善禱。

注解 ①輪：高大。②奐：通「煥」，華麗。③要領：古代有腰斬、砍頭兩種刑罰。要，

通「腰」；領，頸。九京：晉國卿大夫墓地九原。

【譯文】晉國趙武新屋落成，晉國的大夫前往送禮。張老說：「多美啊，這麼高大！多美啊，這麼富麗堂皇！既可以在這兒祭祀，在這兒辦喪禮，還可以在這兒宴飲賓客。」趙武說：「我趙武能夠在這兒歌舞祭祀，在這兒辦喪禮，在這兒宴飲賓客，也就能保全我的性命，來追隨亡祖亡父于九原啊。」向北面一再深深地跪拜。君子稱贊他們一個祝頌得好，一個祈禱得好。

卷四 秦文

《戰國策》簡介

《戰國策》是一部分國記載戰國史事的書，包括東周、西周、秦、齊、楚、趙、魏、韓、燕、宋、衛、中山等十二「策」。原編撰者是什麼人現在已不清楚了，它是西漢晚期由劉向重新編校而成的，分三十三篇。因爲它多記載戰國時代遊説之士爲各國諸侯出謀劃策的言論，所以起名叫「策」。這批遊説之士爲了打動諸侯們的心，也爲了使自己謀求到一定地位，通常要想方設法把話講得動聽，講得有力，所以往往言辭犀利，滔滔不絕。

蘇秦以連横説秦 《戰國策》

【題解】戰國時期，各諸侯爲自身利益，戰和不定，一批舌辯之士以利害關係遊説諸侯。蘇秦始以連横之策説秦，不被重用，于是發憤讀書，以合縱説説趙終獲重用，得佩六國相印。蘇秦是當時具有代表性的策士形象，他熱衷功名，善于言辯，文中蘇秦的説

吴楚材、吴調侯：一見說而便大說，則揣摩有以中之矣。

于辯，溺于辭。以此論之，王固不能行也。」

說秦王書十上，而說不行，黑貂之裘敝，黄金百斤盡，資用乏絕，去秦而歸。羸縢履蹻⑫，負書擔囊，形容枯槁，面目黧黑，狀有愧色。歸至家，妻不下紝⑬，嫂不爲炊，父母不與言。蘇秦喟然嘆曰：「妻不以我爲夫，嫂不以我爲叔，父母不以我爲子，是皆秦之罪也。」乃夜發書，陳篋⑭數十，得太公《陰符》⑮之謀，伏而誦之，簡練以爲揣摩。讀書欲睡，引錐自刺其股，血流至足。曰：「安有說人主不能出其金玉錦繡，取卿相之尊者乎？」期年，揣摩成，曰：「此真可以說當世之君矣。」

于是乃摩燕烏集闕⑯，見說趙王⑰于華屋之下，抵掌而談，趙王大說，封爲武安⑱君，受相印。革車百乘，錦繡千純⑲，白璧百雙，黄金萬鎰⑳，以隨其後。約從散横，以抑强秦。故蘇秦相于趙而關不通。

凍蘇秦衣錦還鄉

蘇秦嘆道：「唉！貧窮失意之時，父母都不把我當兒子，富貴的時候連親戚也畏懼，人活在世上，怎么能忽視權勢地位和榮華富貴呢？」

吴楚材、吴調侯：此言化賤爲貴之難。

當此之時，天下之大，萬民之衆，王侯之威，謀臣之權，皆欲決于蘇秦之策。不費鬥糧，未煩一兵，未戰一士，未絕一弦，未折一矢，諸侯相親，賢于兄弟。夫賢人在而天下服，一人用而天下從。故曰：式于政，不式于勇；式于廊廟之内，不式于四境之外。當秦之隆，黄金萬鎰爲用，轉轂連騎，炫熿于道，山東之國，從風而服，使趙大重。且夫蘇秦特窮巷掘門、桑戶棬樞㉑之士耳。伏軾撙銜㉒，横歷天下，庭說諸侯之主，杜左右之口，天下莫之伉。

將說楚王，路過洛陽。父母聞之，清

吳楚材、吳調侯：就蘇秦自鳴得意語，收結全篇。異樣出色。前幅寫蘇秦之困頓，後幅寫蘇秦之通顯。正爲後福欲寫通顯，故前幅先寫其困頓。天道之倚伏如此，文章之抑揚亦如此。至其習俗人品，則世所共知，自不必多爲之說。

宮除道，張樂設飲，郊迎三十里；妻側目而視，側耳而聽；嫂蛇行匍伏，四拜自跪而謝。蘇秦曰：「嫂，何前倨而後卑也？」嫂曰：「以季子位尊而多金。」蘇秦曰：「嗟乎！貧窮則父母不子，富貴則親戚畏懼，人生世上，勢位富厚，蓋可以忽乎哉！」

注釋

①蘇秦：字季子，戰國時著名的縱横家。連横：流行于戰國期間諸侯國相互爭鬥的一種策略，指函谷關以西的秦國與楚、齊等國的個別聯合。②巴：包括今四川東部、湖北西部的地區。蜀：今四川中、西部地區。漢中：指今陝西漢中一帶。③胡貉：産于北方地區的貉皮。代：相當于今河北、山西北部地區，多産馬。④巫山：山名，在今四川巫山東。黔中：地名，在今湖南常德。⑤殽：殽山，在今河南洛寧西北。函：函谷關，在今河南靈寶東北。⑥補遂：古國名。⑦涿鹿：地名，在今河北涿鹿附近。蚩尤：傳説爲九黎族首領。⑧驩兜：傳説爲堯的臣下。⑨三苗：古代部落，在今湖北武昌、湖南岳陽、江西九江一帶。⑩崇：商代小國，在今河南嵩縣，一説在今陝西西安西灃。這裏指崇侯虎。⑪詘：屈服。⑫羸：同「縲」，纏繞。

縢：綁腿布。蹻：草鞋。⑬紝：織布帛的絲縷。這裏指織布機。⑭篋：箱子。⑮《陰符》：傳説姜太公著有兵書《陰符經》。⑯摩：接近。燕烏集闕：趙國的宫殿。宫室前兩側的樓臺稱闕。⑰趙王：趙肅侯。⑱武安：地名，在今河北武安。⑲純：匹，束。⑳鎰：古代重量單位，二十兩爲一鎰。又説二十四兩爲一鎰。㉑棬樞：用棬起來的樹枝做門樞。㉒撙銜：勒住馬嚼子。

譯文

蘇秦開始時以連横遊説秦惠王説：「大王您的國家，西面有巴、蜀、漢中的富饒，北面有胡貉和代馬可用，南面有巫山、黔中的屏障，東面有殽山、函谷關的堅固。耕田肥美，百姓富足，戰車有萬輛，武士有百萬，沃野千里，物産豐富，地勢形勝而便利，這就是所謂的天府，天下的強國啊。憑着大王的賢明，士民的衆多，車騎的充盈，兵法的教習，可以兼並諸侯，獨吞天下，稱帝而加以治理。希望大王能對此稍許留意一下，請讓我來向您詳細陳述。」

秦王回答説：「我聽説：羽毛不豐滿的，不能夠飛得很高；法令不完備的，不能懲治犯人；道德不高尚的，不能驅使百姓；政教不順民心的，不能煩勞大臣。雖説您不遠千里來到朝廷上開導我，我願改日再聽您的高見。」

神農

神農氏是傳説中的農業和醫藥的發明者。蘇秦以神農伐補遂事遊説秦王施行自己的主張。

蘇秦說：「我本來就懷疑大王是否會采納我的意見。過去神農討伐補遂，黃帝討伐涿鹿而擒蚩尤，堯討伐驩兜，舜討伐三苗，禹討伐共工，商湯討伐夏桀，周文王討伐崇國，周武王討伐殷紂王，齊桓公用武力稱霸天下。由此看來，哪有不用武力的呢？古代讓車輛來回奔馳，用言語互相交結，天下成爲一體；或合縱或連橫，不再儲備武器甲冑；文士個個能言善辯，諸侯聽得稀裏糊塗；群議紛起，沒有頭緒；規章制度雖已完備，人們卻都很虛僞；條文記錄又多又亂，百姓還很貧困；君臣愁容相對，人民無所依靠；道理愈是清楚明白，戰亂反而更爲頻繁；身着盛裝的文士雖然善辯，戰爭卻未停息；愈是廣泛地玩弄文辭，天下就愈難以治理；發言者說得舌頭破，聽的人聽得耳朵聾，卻不見成功；嘴上大講仁義禮信，卻不能使天下人和諧相處。于是各國廢卻文治，信用武力，以優厚待遇蓄養勇士，備好盔甲，磨好兵器，在戰場上決出勝負。想白白等待以招致利益，安然而坐擴展疆土，即使是上古五帝、三王、五霸等賢君，常想坐而實現，在這種形勢下也是無法辦到的，所以用戰爭來解決問題。在寬闊的戰場上相互進攻，相距近了便持着刀戟相互衝刺，然後方能建立大功。因此對外軍隊取得了勝利，對內因行仁義才能強大，上面的國君有了威望，下面的人民才能馴服。現在，要想並吞天下，超越大國，使敵國屈服，制服海內，君臨天下百姓，使諸侯臣服，非發動戰爭不可。現在在位的國君，忽略了這個根本道理，不明政教，治理混亂，又被一些人的奇談怪論所迷惑而不能識破詭辯的言辭。這樣看來，大王您是不會聽從我的主張的。」

蘇秦多次上書勸說秦王，而他的主張仍未實行，黑貂皮大衣穿破了，一百斤黃金也用完了，錢財分文不剩，不得不離開秦國，返回家鄉。纏着綁腿布，穿着草鞋，背着書箱，挑着行李，臉上又瘦又黑，面有愧色。回到家裏，妻子不下織機迎接，嫂子不給他做飯，父母不與他說話。蘇秦長嘆道：「妻子不把我當丈夫，嫂子不把我當小叔子，父母不把我當兒子，這都是我的過錯啊！」于是他半夜找書，

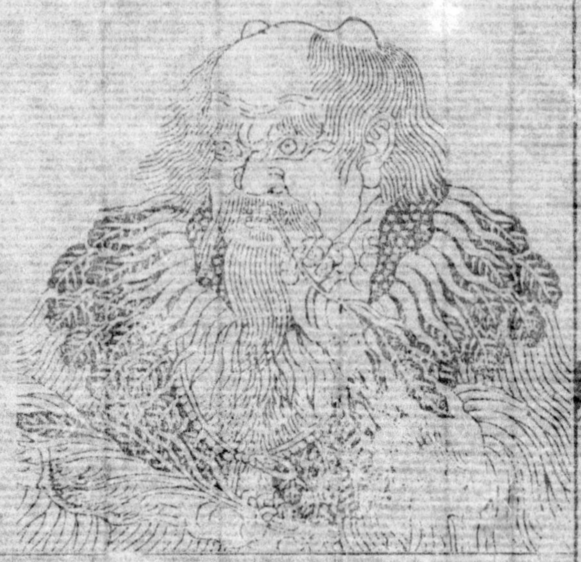

擺開幾十個書箱，找到了姜太公的兵書《陰符經》，埋頭誦讀，有選擇地熟習、研究和體會。讀到昏昏欲睡時，就拿錐子刺自己的大腿，鮮血一直流到腳跟。他自言自語說：「若再去遊說各國國君，怎能不讓他拿出金玉錦綉，取得卿相之尊呢？」滿一年，研究成功，說：「這下我可以去說服當代的國君了！」

于是蘇秦經過燕烏集闕，來到宮殿之下謁見並遊說趙王，他擊掌有聲侃侃而談，趙王大喜，封蘇秦爲武安君，拜受相印。以兵車一百輛，錦綉一千匹，白璧一百對，黄金一萬鎰跟隨他。他去合縱六國，瓦解連横，抑制强秦，所以蘇秦在趙國爲相時，函谷關交通斷絶。在這個時候，天下之大，百姓之衆，以及王侯的威望和謀臣的權力，都要被蘇秦的策略所決定。不耗費一斗糧，不煩勞一個士兵，一個戰士也不作戰，一根弓弦也不曾斷過，一支箭也不彎折，諸侯親近和睦，勝過兄弟。賢人在位才使天下馴服，一位賢人被用而天下順從。所以說：應在施行德政上用力，不應憑借勇力；應用于朝廷決策，不應用于周邊戰爭。在蘇秦顯赫尊榮之時，黄金萬鎰任他使用，隨從車騎絡繹不絶，一路炫耀，殽山以東各國隨風折服于蘇秦，從而使趙國的地位大大加重。况且，蘇秦不過是出于窮巷、窰門、桑户、棬樞之中的貧窮的讀書人而已，但他伏在車軾之上，牽着馬的勒頭，走遍天下，在朝廷上勸說諸

侯王，左右大臣無話可說，天下沒有人能與他匹敵。

蘇秦將去遊說楚王，經過洛陽。父母聽到消息，收拾房屋，打掃街道，設置音樂，準備酒席，到郊外三十里去迎接；妻子不敢正面看他，側着耳朵聽他的吩咐；嫂子像蛇一樣在地上匍匐，向他跪倒，拜了四拜謝罪。蘇秦問：「嫂子，爲何從前那麼趾高氣揚，而現在又如此卑躬屈膝呢？」嫂子回答說：「因爲你如今地位高，又很有錢呀。」蘇秦嘆道：「唉！貧窮失意之時，父母都不把我當兒子，富貴的時候連親戚也畏懼，人活在世上，怎麼能忽視權勢地位和榮華富貴呢？」

司馬錯論伐蜀 《戰國策》

題解　司馬錯與張儀在秦王面前辯論，張儀主張伐韓，司馬錯主張伐蜀。司馬錯分析了目前秦國的情况，以秦國當時的實力，占領内亂不斷的蜀國是很輕鬆的事情。這樣可使秦國擴充國土，增强財力。若如張儀之言攻打韓國奪取天子，會背上劫天子的惡名，又不得利。秦惠王聽取了司馬錯的正確建議，用了十個月完成了伐蜀計劃。從此秦國開始變得富强，爲統一天下奠定了基礎。

吳楚材、吳調侯：此句是一篇總綱，下乃更敘起也。

【原文】司馬錯與張儀爭論于秦惠王前①。司馬錯欲伐蜀，張儀曰：「不如伐韓。」王曰：「請聞其說。」

對曰：「親魏善楚，下兵三川②，塞轘轅、緱氏之口③，當屯留④之道，魏絕南陽⑤，楚臨南鄭⑥，秦攻新城、宜陽⑦，以臨二周之郊，誅周主之罪，侵楚、魏之地。周自知不救，九鼎寶器必出。據九鼎，按圖籍，挾天子以令天下，天下莫敢不聽，此王業也。今夫蜀，西僻之國，而戎狄之長也。敝名勞衆，不足以成名；得其地，不足以爲利。臣聞：『爭名者于朝，爭利者于市。』今三川、周室，天下之市朝也，而王不爭焉，顧爭于戎狄，去王業遠矣。」

司馬錯曰：「不然。臣聞之，欲富國者，務廣其地；欲強兵者，務富其民；欲王者，務博其德。三資者備，而王隨之矣。今王之地小民貧，故臣願從事于易。夫蜀，西僻之國也，而戎狄之長也，而有桀、紂之亂。以秦攻之，譬如使豺狼逐群羊也。取其地，足以廣國也；得其財，足以富民；繕兵不傷衆，而彼已服矣。故拔一國，而天下不以爲暴；利盡西海，諸侯不以爲貪。是我一舉而名實兩附，而又有禁暴正亂之名。今攻韓，劫天子。劫天子，惡名也，而未必利也，又有不義之名，而攻天下之所不欲，危。臣請謁其故：周，天下之宗室也；韓，周之與國也。周自知失九鼎，韓自知亡三川，則必將二國並力合謀，以因乎齊、趙，而求解乎楚、魏。以鼎與楚，以地與魏，王不能禁。此臣所謂『危』，

張儀用智

張儀是戰國時期的政治家、外交家和謀略家，是秦國置相後的第一任相國，采取連橫術輔佐秦惠文王，使秦國更加强盛。

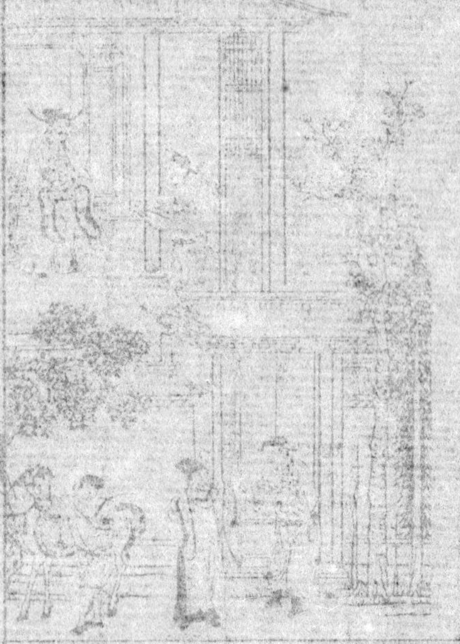

吳楚材、吳調侯：結完富強本旨。周雖衰弱，名器猶存，張儀首倡破周之說，實是喪心。司馬錯建議伐蜀，句句駁倒張儀。生當戰國，而能顧惜大義，誠超于人一等。秦王平日信任張儀，而此策獨從錯，可謂識時務之要。

不如伐蜀之完也。」

惠王曰：「善！寡人聽子。」卒起兵伐蜀，十月取之，遂定蜀。蜀主更號爲侯，而使陳莊⑧相蜀。蜀既屬，秦益強富厚，輕諸侯。

注釋

①司馬錯：戰國時秦將。張儀：戰國時魏人，曾任秦相。②三川：指今河南洛陽一帶，因有黃河、洛水、伊水，故稱三川，地屬韓國。③轘轅：山名，在今河南偃師東南。緱氏：山名，也在今偃師。④屯留：韓地，在今山西屯留南。太行山的羊腸坂道即經過此地。⑤南陽：韓地，在今河南境內。⑥南鄭：地名，在今河南境內。⑦新城：韓地，在今河南伊川西南。宜陽：韓地，在今河南宜陽。⑧陳莊：秦國官員，前三一四年出任蜀相。

譯文

司馬錯同張儀在秦惠王面前爭論。司馬錯主張討伐蜀國，張儀說：「不如討伐韓國。」惠王說：「請讓我聽聽你們的道理。」

張儀回答說：「應和魏、楚兩國友好，出兵三川，堵住轘轅山、緱氏山山口，擋在通往屯留的路上，魏國斷絕了南陽的通道，楚國進軍南鄭，秦國攻打新城、宜陽，來威逼東周、西周京都的城郊，聲討周王朝君主的罪行，然後侵占楚國、魏國的領土。周王朝知道無法自救，必會交出九鼎寶器。我國占有九鼎，依照版圖和戶籍，挾持天子來命令天下，天下諸侯沒有敢不聽的，這麼做是稱王的霸業啊。而今的蜀國，是西方偏遠落後的國家，是戎狄野蠻國家的首領。如此勞師動衆，不足以成就威名，得到它的土地不足以獲利。我聽說：『爭名于朝廷，奪利于街市。』如今三川、周王室，便是爭名利的街市和朝廷啊，而國王您不去爭，卻祇在戎狄那爭奪，離帝王之業太遙遠啊。」

司馬錯說：「不對。我聽說，要使國家富強，就一定要擴展它的疆土；想要軍隊強大，務必使百姓富有；想要稱王，務必廣施他的美德。這三種資格具備了，帝王之業也就隨之成功。現在國王您的疆土小百姓窮，所以我希望您從容易的事做起。蜀國，是西方偏遠的小國，是戎狄國家的首領，但是經過桀、紂那樣的禍亂，以秦攻打它，就如同豺狼驅逐羊群啊。奪取它的國土，足以擴展我國的疆土啊；得到它的財富，足以使我國的民衆富有；整治軍隊，不需傷害許多人，蜀國已經屈服了。所以消滅了一個國家，但天下不因此認爲我們殘暴；秦雖盡得蜀國之財，各諸侯國並不認爲我們貪婪。這樣我們一舉兩得，名聲實惠兩樣都歸我們，還有禁絕暴力制止叛亂的名聲。現在攻打韓國劫持天子。劫

持天子本不是好的名聲，還未必有利啊，又有不義的名聲，攻打天下都不想攻打的國家，危險啊。我請求說明原因：周王朝，天下尊崇的王室啊；韓國，是周交好的國家。周王朝自知要失去九鼎，韓國自知要失去三川，就必定聯合謀劃，來通過齊國、趙國，求得與楚魏和解。把鼎給楚國，把土地給魏國，這是大王您無法阻止的。這就是我所說的『危險』，不如攻打蜀國那麼完滿啊。」

惠王說：「好！我聽您的。」最終還是起兵攻打蜀國，用十個月攻下了它，然後平定了蜀國。蜀國君主改稱爲侯，派陳莊去做蜀國的宰相。蜀國就成了秦國的附屬國，秦國更加富強，不把各諸侯國放在眼裏。

范雎說秦王 《戰國策》

題解　秦昭王時，太后和穰侯當政，昭王無實權。范雎在魏國遭誣受冤屈，來到秦國遊說昭王。昭王初見范雎時，對他非常禮敬，范雎抓住了秦統治階級內部矛盾的要害，取得了秦王的信任。後來，秦王廢掉太后，驅逐穰侯，用范雎爲相。

原文　范雎①至，秦王②庭迎范雎，敬執賓主之禮。范雎辭讓。

是日見范雎，見者無不變色易容者。秦王屏左右，宮中虛無人。秦王跪而進曰：「先生何以幸教寡人？」范雎曰：「唯唯。」有間，秦王復請，范雎曰：「唯唯。」若是者三。秦王跽③曰：「先生不幸教寡人乎？」

范雎謝曰：「非敢然也！臣聞昔者呂尚之遇文王也，身爲漁父而釣于渭陽之濱耳。若是者交疏也。已一說而立爲太師，載與俱歸者，其言深也。故文王果收功于呂尚，卒擅天下，而身立爲帝王。即使文王疏呂望而弗與深言，是周無天子之德，而文、武無與成其王也。今臣，羈旅之臣也，交疏于王，而所願陳者，皆匡君臣之事，處人骨肉之間。願以陳臣之陋忠，而未知王心也，所以王三問而不對者是也。臣非有所畏而不敢言也，知今日言之于前，而明日伏誅于後，然臣弗敢畏也。大王信行臣之言，死不足以爲臣患，亡不足以爲臣憂，

吳楚材、吳調侯：文疏言深，作反正兩對。

吴楚材、吴調侯：忽點出太后奸臣二句，最緊逼人。

漆身而爲厲④，被發而爲狂，不足以爲臣恥。五帝之聖而死，三王之仁而死，五霸之賢而死，烏獲⑤之力而死，奔、育⑥之勇焉而死。死者，人之所必不免。處必然之勢，可以少有補于秦，此臣之所大願也，臣何患乎？伍子胥橐載而出昭關⑦，夜行而晝伏，至于蔆水⑧，無以餬其口，膝行蒲伏，乞食于吳市，卒興吳國，闔閭爲霸。使臣得進謀如伍子胥，加之以幽囚，不復見，是臣說之行也，臣何憂乎？箕子、接輿⑨，漆身而爲厲，被發而爲狂，無益于殷、楚。使臣得同行于箕子、接輿，可以補所賢之主，是臣之大榮也，臣又何恥乎？臣之所恐者，獨恐臣死之後，天下見臣盡忠而身蹶⑩也，因以杜口裹足，莫肯向秦耳。足下上畏太后之嚴，下惑奸臣之態，居深宮之中，不離保傅⑪之手，終身闇惑，無與照奸，大者宗廟滅覆，小者身以孤危，此臣之所恐耳。若夫窮辱之事，死亡之患，臣弗敢畏也。臣死而秦治，賢于生也。」

秦王跽曰：「先生是何言也！夫秦國僻遠，寡人愚不肖，先生乃幸至此，此天以寡人慁⑫先生，而存先王之廟也。寡人得受命于先生，此天所以幸先王而不棄其孤也。先生奈何而言若此！事無大小，上及太后，下至大臣，願先生悉以教寡人，無疑寡人也。」范雎再拜，秦王亦再拜。

注釋

①范雎：戰國時魏人，字叔。因遊說秦昭王得到信任，被任國相。②秦王：秦昭王。③跽：通常古人席地而坐時，以兩膝着地，臀部貼在脚後跟上，臀部不貼脚跟爲跪，跪而挺身直腰即爲跽。④厲：通「癩」。⑤烏獲：秦武王的力士。⑥奔、育：指孟奔、夏育，衛國勇士。⑦橐：口袋。昭關：在今安徽含山西北小峴山上。⑧蔆水：溧水，在今江蘇溧陽一帶。⑨箕子：名胥餘，商紂王叔父，官太師，封于箕（今山西太谷東）。因諫紂王不聽，披髮佯狂。接輿：春秋時楚國隱者，姓陸名通。⑩蹶：跌倒。這裏是死亡的意思。⑪保傅：在宮内侍候、教導王子的女官。⑫慁：打擾。

達之又達，乃曰至無。而接物無方，隨機稱適，千差萬品，求者即供，若懸鏡高堂，物來斯照也。

譯文

范雎來到秦國，秦昭王在宮廷前迎接，恭敬地執行主人接待賓客的禮節。范雎謙虛辭讓。這一天接見范雎，看到那場面的人無不驚訝失色。後來，秦王屏退左右的人，宮中沒有別人了。秦王跪在地下請求說：「先生打算用什麼來賜教寡人？」范雎說：「對，對。」過了一會兒，秦王又問，范雎說：「對，對。」像這樣有三次了。秦王挺直上身跪着說：「先生不肯賜教寡人嗎？」

范雎謝罪說：「不是我敢這樣！我聽說當初呂尙遇到文王的時候，不過是個漁父，在渭水北岸垂釣罷了。像這種情況，他與文王可以說是生疏的。一次交談就任他做太師，請他同車一起回去，這是他講得道理深刻啊。所以文王果眞得到呂尙爲他建立的功勛，終于據有天下，成爲帝王。假如文王因爲跟呂望生疏而不跟他深談，周就不具備天子的德行，文王、武王也就不能成爲王了。現在我是個客處他鄉的人，與大王關係疏遠，而所想要說的，又都是糾正君臣關係偏差的事，要處在人家骨肉之間。我願意陳述淺陋的忠誠，卻不知大王的想法，大王連問三次而不回答，就是這個原因。我並非害怕而不敢說，即使知道今天說在前面，明天就會被殺害，然而我也不敢害怕。大王眞能接受我的主張，死不足成爲我的禍殃，流亡不足成爲我的憂慮，渾身塗漆像生癩瘡，披頭散髮裝作發狂，不足成爲我的恥辱。五帝這樣的聖人要死，三王這樣的仁人要死，五霸這樣的賢人要死，烏獲這樣的力士要死，孟奔、夏育這樣的勇士要死。死，是人無法避免的。處在必然會死的形勢下，如果可以對秦國稍微有些益處，這就是我最大的心願了，我還有什麼擔心呢？伍子胥藏于牛皮袋混出昭關，夜間趕路，白天隱蔽，到了菱水，沒東西可吃，爬行向前，在吳市討飯，最後使吳國興盛，使闔廬成爲霸主。假如我能像伍子胥那樣進獻謀略，就是把我禁閉起來，不能再見到大王，衹要我的主張實行了，我擔憂什麼呢？箕子、接輿他們，渾身塗漆像生癩瘡，披頭散髮裝作發狂，可是對殷朝、楚國毫無幫助。假如我可以跟箕子、接輿有相同的行爲，便能夠對我認爲賢明的君主有所幫助，這就是我最大的榮耀了，又怎麼會感到恥辱呢？我所憂心的，是我死後，天下人看到臣

伍員

伍子胥藏于牛皮袋混出昭關，夜間趕路，白天隱蔽，到了菱水，沒東西可吃，爬行向前，在吳市討飯，最後使吳國興盛，使闔廬成爲霸主。

子盡了忠而身體倒下，從此閉口不言，裹足不前，沒有人再願到秦國來罷了。您對上怕太后的嚴厲，對下受奸臣的僞裝迷惑，居住在深宮之中，離不開輔臣照料，終身受到蒙蔽，無法查明奸佞，大則會使國家滅亡，小則自身陷于孤立危險的境地，這才是我所怕的。至于個人窮困受辱的事，死刑與流亡的禍殃，我不敢畏懼。我死了而秦國得到很好的治理，比我活着更有意義。」

秦王于是跪着說：「先生這是什麼話！秦國遠離中原，地處偏僻，寡人又笨拙而不賢明，幸得先生光臨，這是上天要寡人來煩勞先生，從而使先王的宗廟能夠保存啊。我能聆聽先生的教誨，這是上天賜恩于先王而不遺棄我啊。先生爲何這麼說呢！從此，事不論大小，上到太后，下到大臣，希望先生全都教導我，不要懷疑我啊。」范雎向秦王拜了兩拜，秦王也向范雎拜了兩拜。

鄒忌諷齊王納諫《戰國策》

題解　作爲齊國的宰相，鄒忌切身體會到，一個被偏愛者、敬畏者、有求者包圍的人，會難以聽到真話，從而做出錯誤的判斷。他把這個觀點引申到政治領域，委婉勸諫齊威王，要廣開言路，肯于虛心聽取不同意見。

原文　鄒忌脩八尺有餘①，而形貌昳麗②。朝服衣冠，窺鏡③，謂其妻曰：「我孰與城北徐公美？」其妻曰：「君美甚，徐公何能及君也！」城北徐公，齊國之美麗者也。忌不自信，而復問其妾曰：「吾孰與徐公美？」妾曰：「徐公何能及君也！」旦日，客從外來，與坐談，問之：「吾與徐公孰美？」客曰：「徐公不若君之美也。」明日，徐公來，孰視之，自以爲不如；窺鏡而自視，又弗如遠甚。暮，寢而思之，曰：「吾妻之美我者，私④我也；妾之美我者，畏我也；客之美我者，欲有求于我也。」

吳楚材、吳調侯：看破人情，便可因小悟大。

于是入朝見威王⑤，曰：「臣誠知不如徐公美。臣之妻私臣，臣之妾畏臣，臣之客欲有求于臣，皆以美于徐公。今齊地方千里，百二十城，宮婦左右，莫不私王；朝廷之臣，莫不畏王；四境之內，莫不有求于王。由此觀之，王之蔽甚矣！」

吳楚材、吳調侯：情理圓熟，耐人深省。

吳楚材、吳調侯：鄒忌將己之美，徐公之美，細細詳勘，正欲于此參出微理。千古臣諂君蔽，與王闡頭，從閨房小語破之，快哉。

鄒忌　早晨，鄒忌穿着禮服戴上冠在鏡子前細看。

王曰：「善。」乃下令：「群臣吏民能面刺⑥寡人之過者，受上賞；上書諫寡人者，受中賞；能謗議于市朝，聞寡人之耳者，受下賞。」令初下，群臣進諫，門庭若市；數月之後，時時而間⑦進；期年之後，雖欲言，無可進者。

燕、趙、韓、魏聞之，皆朝于齊。此所謂「戰勝于朝廷」。

注釋

①鄒忌：齊人，齊威王時任齊相，曾輔佐齊威王進行改革。脩：長，指身高。②昳麗：光艷美麗。③窺鏡：對着鏡子審視自己的容貌。④私：偏愛。⑤威王：齊威王，田氏，名因齊。前三五六年到前三二〇年在位。⑥面：當面。刺：譏刺。⑦間：斷續。

譯文

鄒忌身高八尺多，體格相貌俊美。早晨，他穿着禮服戴上冠在鏡子前細看，對妻子說：「我跟城北徐公誰更漂亮？」他妻子說：「您美極了，徐公怎麼能和您相比呀！」城北徐公，是齊國的美男子。鄒忌不太自信比徐公美，就再問他的侍妾：「我跟徐公誰更漂亮？」侍妾說：「徐公怎麼比得上您啊！」第二天，有客人從外邊來，一塊兒坐着說話，又問客人說：「我跟徐公誰美？」客人說：「徐公沒有您漂亮。」過了一天，徐公到這裏拜訪，鄒忌仔細端詳他，自以爲不如；又照鏡子看自己，更感自己差得很遠。夜晚躺着，思考這件事：「我妻子說我美，因爲偏愛我；侍妾說我美，是怕我；客人說我美，是有事求我啊！」

于是，上朝見威王說：「臣子確實知道不如徐公漂亮，臣子的妻偏愛臣子，臣子的妾怕臣子，臣子的客人有事求臣子，都說我比徐公美。現在齊國土地方圓千里，有一百二十座城池，國王後宮嬪妃和侍從，沒一個不偏愛您；滿朝大臣，沒一個不畏懼您；一國之內的大小事，沒一件不有求于王。從這點看來，國王不明眞相的情況就很嚴重了！」

威王聽後，悟道：「說得好。」就發布命令：「不論官民，敢當面指責我的過錯的，得上等獎；呈上書信勸諫我的，得中等獎；能在公共場所批評我傳到我耳中的，得下等獎。」命令剛發下時，臣子們紛紛上朝進諫，批評時政，門庭若市；幾個月以後，仍斷續有人來進諫；一年以後，即使想說，也沒什麼可以進諫的了。

燕、趙、韓、魏聽說此事，都來朝拜威王。這就是所說的「安坐朝內而四方歸附。」

顏斶說齊王 《戰國策》

題解 顏斶不求名利，不懼權勢，面對齊宣王，他不卑不亢，維護了自己的尊嚴。

原文 齊宣王見顏斶①，曰：「斶前！」斶亦曰：「王前！」宣王不說。左右曰：「王，人君也；斶，人臣也。王曰『斶前』，亦曰『王前』，可乎？」斶對曰：「夫斶前為慕勢，王前為趨士；與使斶為慕勢，不如使王為趨士。」王忿然作色曰：「王者貴乎？士貴乎？」對曰：「士貴耳，王者不貴。」王曰：「有說乎？」斶曰：「有。昔者秦攻齊，令曰：『有敢去柳下季壟②五十步而樵採者，死不赦！』令曰：『有能得齊王頭者，封萬戶侯，賜金千鎰③！』由是觀之，生王之頭，曾不若死士之壟也。」

宣王曰：「嗟乎！君子焉可侮哉！寡人自取病④耳。願請受為弟子。且顏先生與寡人遊，食必太牢⑤，出必乘車，妻子衣服麗都⑥。」顏斶辭去，曰：「夫玉生于山，制則破焉，非弗寶貴矣，然太璞⑦不完。士生乎鄙野⑧，推選則祿⑨焉，非不尊遂⑩也，然而形神不全。斶願得歸，晚食以當肉⑪，安步⑫以當車，無罪以當貴，清淨貞正以自虞⑬。」則再拜而辭去。

君子曰：「斶知足矣，歸真反璞⑭，則終身不辱。」

吳楚材、吳調侯：此下尚有一大段文字刪去。

吳楚材、吳調侯：結贊是蘇張二人反照。起得唐突，收得超忽。後段形神不全四字，說盡富貴利達人，良可悲也。

注釋 ①齊宣王：戰國時齊國國君，齊威王之子，名辟疆。前三一九年到前三〇一年在位。顏斶：齊國一位隱士。②柳下季：展禽，字獲，排行季，魯國人。食采邑于柳下，謚惠，又稱柳下惠。壟：墳墓。③鎰：古代以二十兩為一鎰。④病：羞辱。⑤太牢：祭祀時牛、羊、

柳下惠

昔者秦攻齊，令曰：「有敢去柳下季壟五十步而樵采者，死不赦！」

豬各一頭為太牢。⑥麗都：華美。⑦太璞：包裹着美玉的石頭。⑧鄙野：城市以外很遠的地方。⑨祿：祿位。⑩遂：顯達。⑪晚食以當肉：晚些吃飯，這樣會因為飢餓而覺得粗糙的飯食像肉一樣美味。⑫安步：從容地步行。⑬自虞：自娛，讓自己感到快樂。⑭歸真反璞：回歸本真，回復自己隱士的本來面目。

【譯文】齊宣王接見顏斶，說：「斶過來！」顏斶也說：「國王你過來！」宣王生氣了，臉色很難看。左右大臣責怪顏斶說：「國王，是萬人的君主啊；斶，是別人的臣子啊。國王說『斶過來』，斶也說『國王前來』，能這樣嗎？」顏斶說：「我上前是羨慕勢力，國王上前是禮敬賢士；（我）斶羨慕勢力，不如讓國王禮敬賢士。」宣王更生氣了，問道：「國王尊貴，還是學士尊貴？」顏斶答道：「學士尊貴啊，國王不尊貴。」宣王說：「有原因嗎？」斶說：「有。從前，秦國攻打齊國，曾命令：『有敢到柳下惠墓地五十步內打柴的人，殺不赦。』還命令：『能夠得到齊王頭顱的人，封萬戶侯，賜黃金一千鎰。』由此看來，活的國王的腦袋，還不如已死學士的墳頭尊貴。」

宣王說：「唉！君子怎能受人侮辱！我是自找苦吃啊。誠心願拜您為師。並且顏先生和我出遊時，吃的必定是大魚大肉，出行必定有車乘坐，妻子和孩子穿戴華貴。」顏斶婉拒，說：「玉生在山裏，制作就會損壞，不是不寶貴了，但與原始的璞相比卻不完整了。學士生長在偏僻鄉野，被推薦為官就有了俸祿，不是不尊貴了，但身心已變得功利了。我斶希望回家，吃素就當作吃肉，信步緩行如同坐車，無罪過就如同富貴，清凈貞潔正直能使自己歡娛。」然後，拜了兩拜辭別離去。

君子說：「斶懂得知足啊，回歸自然，返璞歸真，終身不受外辱。」

馮諼客孟嘗君 《戰國策》

【題解】戰國時，養士之風盛行。最著名的養士者如戰國四公子（齊國孟嘗君、趙國平原君、魏國信陵君、楚國春申君）和秦國的呂不韋等。本文敘述了馮諼到孟嘗君門下

吳楚材、吳調侯：三千人中，如此者卻少。好與能雖並點，重能字一邊。

吳楚材、吳調侯：馮諼既曰無好無能，所責望于人者，較有好有能者更倍之，大是奇事。孟嘗亦以爲奇，即姑應之，實非有意加厚馮諼也。

爲客，開始時他提出了許多要求，孟嘗君都滿足了他。後來，他爲孟嘗君出謀劃策，使孟嘗君的政治地位得到了鞏固，又獲得了美名。

原文

齊人有馮諼①者，貧乏不能自存，使人屬孟嘗君②，願寄食門下。孟嘗君曰：「客何好？」曰：「客無好也。」曰：「客何能？」曰：「客無能也。」孟嘗君笑而受之，曰：「諾。」

左右以君賤之也，食以草具。居有頃，倚柱彈其劍，歌曰：「長鋏③歸來乎，食無魚！」左右以告。孟嘗君曰：「食之，比門下之客。」居有頃，復彈其鋏，歌曰：「長鋏歸來乎，出無車！」左右皆笑之，以告。孟嘗君曰：「爲之駕，比門下之車客。」于是乘其車，揭其劍，過其友曰：「孟嘗君客我！」後有頃，復彈其劍鋏，歌曰：「長鋏歸來乎，無以爲家！」左右皆惡之，以爲貪而不知足。孟嘗君問：「馮公有親乎？」對曰：「有老母。」孟嘗君使人給其食用，無使乏。于是馮諼不復歌。

後孟嘗君出記，問門下諸客：「誰習計會，能爲文收責于薛者乎？」馮諼署曰：「能。」孟嘗君怪之，曰：「此誰也？」左右曰：「乃歌夫『長鋏歸來』者也。」孟嘗君笑曰：「客果有能也！吾負之，未嘗見也。」請而見之。謝曰：「文倦于事，憒④于憂，而性懦愚，沈于國家之事，開罪于先生。先生不羞，乃有意欲爲收責于薛乎？」馮諼曰：「願之。」于是約車治裝，載券契而行。辭曰：「責畢收，以何市而反？」孟嘗君

馮諼

彈鋏長歌歸去來。

吳楚材、吳調侯：祇是要使齊王聞之，妙。

曰：「視吾家所寡有者。」

驅而之薛，使吏召諸民當償者，悉來合券⑤。券遍合，起矯命，以責賜諸民，因燒其券，民稱萬歲。

長驅到齊，晨而求見。孟嘗君怪其疾也，衣冠而見之，曰：「責畢收乎？來何疾也？」曰：「收畢矣。」「以何市而反？」馮諼曰：「君云『視吾家所寡有者』，臣竊計，君宮中積珍寶，狗馬實外廄，美人充下陳⑥，君家所寡有者，以義耳。竊以爲君市義。」孟嘗君曰：「市義奈何？」曰：「今君有區區之薛，不拊⑦愛子其民，因而賈利之。臣竊矯君命，以責賜諸民，因燒其券，民稱萬歲，乃臣所以爲君市義也。」孟嘗君不說，曰：「諾。先生休矣。」

後期年，齊王謂孟嘗君曰：「寡人不敢以先王之臣爲臣！」孟嘗君就國于薛。未至百里，民扶老攜幼，迎君道中。孟嘗君顧謂馮諼：「先生所爲文市義者，乃今日見之！」

馮諼曰：「狡兔有三窟，僅得免其死耳！今有一窟，未得高枕而臥也。請爲君復鑿二窟。」孟嘗君予車五十乘，金五百斤，西遊于梁⑧。謂梁王曰：「齊放其大臣孟嘗君于諸侯，先迎之者，富而兵強。」于是梁王虛上位，以故相爲上將軍，遣使者，黃金千斤，車百乘，往聘孟嘗君。馮諼先驅，誡孟嘗君曰：「千金，重幣也；百乘，顯使也。齊其聞之矣。」梁使三反，孟嘗君固辭不往也。

齊王聞之，君臣恐懼，遣太傅齎⑨黃金千斤，文車⑩二駟，服劍一，封書謝孟嘗君曰：「寡人不祥，被于宗廟之祟⑪，沈于諂諛之臣，開罪于君。寡人不足爲也，願君顧先王之宗廟，姑返國統萬人乎！」馮諼誡孟嘗君曰：「願請先王之祭器，立宗廟于薛。」廟成，還報孟嘗君曰：「三窟已就，君姑高枕爲樂矣。」

吳楚材、吳調侯：結出孟嘗一生得力，全在馮諼，直與篇首「無好」、「無能」相映照。三番彈鋏，想見豪士一時淪落，胸中塊壘，勃不自禁。通篇寫來，波瀾層出，姿態橫生，能使馮公鬚眉浮動紙上。淪落之士，遂爾頓增氣色。

孟嘗君爲相數十年，無纖介之禍者，馮諼之計也。

注釋

①馮諼：孟嘗君的門客。②孟嘗君：田姓名文，齊相，封于薛（今山東滕縣東南），號孟嘗君，與魏信陵君、趙平原君、楚春申君都養有許多食客，號稱戰國四公子。③鋏：劍把。這裏指劍。④憒：昏亂。⑤合券：驗對債券。古時的契約，借貸雙方各執一半，驗證時看這兩半是否相合。⑥下陳：臺階下面。⑦拊：同「撫」。⑧梁：魏國都城大梁，在今河南開封。⑨齎：持物贈人。⑩文車：華麗的車子。⑪祟：災禍。

譯文

齊國有個叫馮諼的人，貧困得沒法養活自己，請人告訴孟嘗君，願意投奔門下做個食客。孟嘗君問：「他喜歡什麼？」回說：「他沒什麼愛好。」問：「他有什麼才能。」答：「他沒什麼才能。」孟嘗君笑着答應了，說：「行啊。」

孟嘗君的手下以爲孟嘗君看不起馮諼，給他吃粗劣的食物。住了一段時間，馮諼靠着柱子彈他的劍，唱道：「長長的劍啊，咱們回去吧，沒有魚吃啊！」底下人告訴了孟嘗君。孟嘗君說：「給他吃魚，待他像我的門客一樣。」又住了一段時間，馮諼又彈起他的劍把，唱道：「長長的劍啊，咱們回去吧，外出沒有車坐啊！」從人都嘲笑他，又報告上去。孟嘗君說：「給他駕車，和有車的門客一樣。」于是他坐着車，舉着劍，到朋友家串門說：「孟嘗君把我當成上等門客。」又過了一陣，馮諼又彈起他的劍把，唱道：「長長的劍啊，咱們回去吧，沒有東西照顧家！」從人們都討厭他了，認爲他不知足。孟嘗君問：「馮公有親人嗎？」從人們答道：「有個老母親。」孟嘗君派人給馮諼送去吃的和用的，不讓缺少。由此馮諼不再唱歌了。

後來孟嘗君出了一個通告徵詢家裏養的衆門客：「哪一位熟悉會計，能爲我到薛邑去收債？」馮諼寫下名字說：「我能。」孟嘗君驚詫地問：「這位是誰？」底下人說：「就是唱『長長的劍把，咱們回去吧』的人啊。」孟嘗君笑道：「這位客人果然是有才幹的！我對不起他了，一直沒會過他面。」請他相見，賠禮說：「我瑣事纏身精疲力倦，憂慮挂心頭昏腦脹，天性懦弱笨拙，埋頭于國家的事務中，得罪您了。先生不見怪我，果眞想爲我到薛邑去收債嗎？」馮諼說：「願意。」于是備好車輛，整理行裝，帶上債券契約動身了。告辭說：「收完債，買些什麼回來呢？」孟嘗君說：「看我家缺少什麼就買什麼吧。」

馮諼趕車到薛邑，叫從人把該還債的鄉民們都召集來核對債券。憑證核對後，馮諼站起來，說是孟嘗君的命令，把欠的債賞賜給衆鄉民，于是把債券燒了，人們都歡呼萬歲。

馮諼驅車回到齊都，大清早就求見。孟嘗君見他這麼快回來，感到奇怪，穿衣戴冠接見他，問：「債收完了嗎？爲何回來得這麼快啊？」答：「收完了。」「買些什麼回來了？」馮諼說：「您說『看我家缺少什麼就買什麼吧』，我暗自考慮，您宮中寶物很多，宮外狗馬滿圈，階下站滿了美人，您家裏缺少的就是義罷了。我私下爲您買回了仁義。」孟嘗君說：「買義是什麼意思？」馮諼說：「現在您擁有小小的薛邑，不把百姓當子女般撫愛，相反還要在他們身上牟利。我已私自假托您的命令，把債賞賜給了百姓，借此把債券燒了，鄉民都歡呼萬歲，這就是我爲您買的義啊。」孟嘗君不高興了，說：「行了，先生去休息吧！」

一年後，齊王對孟嘗君說：「我不敢用先王的臣子做我的臣子。」孟嘗君于是衹能去領地薛邑。他離薛還有百里，鄉民們扶老攜幼，在半路上迎接孟嘗君。孟嘗君回頭對馮諼說：「先生爲我買的義，在今天見到了。」

孟嘗君

馮諼說：「狡猾的兔子有三個窩，僅能免死！現在您衹有一個洞，還不能高枕無憂。請讓我爲您再建兩個窩。」孟嘗君給了他五十乘車，五百斤黃金，向西出到大梁，對魏王說：「齊國把大臣孟嘗君放逐到國外，先迎接他的諸侯就能國富兵強。」于是魏王空出了相國的位置，任從前的相國爲大將軍，派了使者，帶着黃金一千斤，車一百乘，去聘請孟嘗君。馮諼搶先趕着馬車回來，提醒孟嘗君說：「千斤黃金，是很貴重的禮品；百套車馬，是顯貴的使者。齊王該聽說這事了。」魏國的使者往返多次，孟嘗君堅持推辭不去。

齊王得知後，君臣都慌了，派太傅送來黃金一千斤，文車二輛，馬八匹，佩劍一柄，寫信向孟嘗君謝罪說：「我太不慎重了，被祖先降下災禍，被喜歡阿諛的臣子所蒙蔽，得罪了您，

馮諼趕車到薛邑，叫從人把該還債的鄉民們都召集來核對債券。債券核對後，馮諼站起來，說是孟嘗君的命令，把欠的債賞賜給眾鄉民，于是把債券燒了，人們都歡呼萬歲。

馮諼驅車回到齊都，大清早就求見。孟嘗君見他這麼快回來，感到奇怪，穿戴好衣帽接見他，問：「債收完了嗎？為何回來得這麼快啊？」答：「收完了。」「買些什麼回來了？」馮諼說：「您說『看家缺少什麼就買什麼吧』，我暗自考慮，您宮中貴物很多，宮外狗馬滿圈，堂下站滿了美人，您家裡少的就是義罷了。我私下為您買回了『義』。」孟嘗君說：「買義是什麼意思？」馮諼說：「現在您擁有小小的薛邑，不把百姓當子女般撫愛，而反過來在他們身上牟利。我已私自假托您的命令，把債賞賜給了百姓，借此把債券燒了，鄉民都歡呼萬歲，這就是我為您買的義啊。」孟嘗君不高興了，說：「行了，先生去休息吧。」

一年後，齊王對孟嘗君說：「我不敢用先王的臣子做我的臣子。」孟嘗君于是就到封地薛邑去。他離薛城還有百里，鄉民們扶老攜幼，在半路上迎接孟嘗君。孟嘗君回頭對馮諼說：「先生為我買的義，在今天見到了。」

孟嘗君

馮諼說：「狡猾的兔子有三個窩，僅能免死，現在您只有一個窩，還不能高枕無憂。請讓我為您再鑿兩個窩。」孟嘗君給了他五十乘車，五百斤黃金，向西出遊大梁，對魏王說：「齊國把大臣孟嘗君放逐到國外，先迎接他的諸侯就能國富兵強。」于是魏王空出了相國的位置，任從前的相國為大將軍，派了使者，帶着黃金一千斤，車一百乘，去聘請孟嘗君。馮諼搶先趕着馬車回來，提醒孟嘗君說：「千斤黃金，是很貴重的禮品；百乘車馬，是顯貴的使者。齊王該聽說這事了。」魏國的使者往返多次，孟嘗君堅持推辭不去。

齊王得知後，君臣都慌了，派太傅送來黃金一千斤，文車二輛，馬八匹，佩劍一柄，寫信向孟嘗君道歉說：「我太不慎重了，被祖先降下災禍，被喜歡阿諛的臣子所蒙蔽，得罪了您，我是不值得您來幫助的；希望您看在先王的分上，能夠回國來管理百姓吧！」馮諼提醒孟嘗君說：「希望你向齊王求得先王傳下的祭器，在薛邑建立宗廟。」宗廟建好，馮諼回報孟嘗君說：「三個窩都建好了，您就此高卧享樂吧。」

孟嘗君擔任相國幾十年，沒遭受一點禍殃，都是馮諼計謀的作用啊。

趙威后問齊使

《戰國策》

題解 戰國時期，就已有了民貴君輕的民本思想。作爲趙國當時的執政者，趙威后通過回答齊國使者的問題，表達了她以民爲本的政治思想，這在當時具有很重要的進步意義。篇末說她要殺于陵子仲，可見她對異己不能寬容，在這方面是專制的。

原文 齊王使使者問趙威后①。書未發②，威後問使者曰：「歲亦無恙③耶？民亦無恙耶？王亦無恙耶？」使者不說④，曰：「臣奉使使威后，今不問王，而先問歲與民，豈先賤而後尊貴者乎？」

> 吳楚材、吳調侯：言奉王命來問太后，則太后亦當先問王。

威后曰：「不然。苟無歲，何以有民？苟無民，何有君？故有問捨本而問末者耶？」

> 吳楚材、吳調侯：探出本末，絶去貴賤之見。答語仍作問語聲口，有致。

乃進而問之曰：「齊有處士曰鍾離子⑤，無恙耶？是其爲人也，有糧者亦食⑥，無糧者亦食；有衣者亦衣⑦，無衣者亦衣。是助王養其民者也，何以至今不業⑧也？葉陽子⑨無恙乎？是其爲人，哀鰥寡⑩，恤孤獨，振困窮⑪，補不足，是助王息⑫其民者也，何以至今不業也？北宮之女嬰兒子無恙耶⑬？撤其環瑱⑭，至老不嫁，以養父母，是皆率民而出于孝情者也，胡爲至今不朝⑮也？此二士弗業，一女不朝，何以王齊國、子⑯萬民乎？于陵子仲尚存乎⑰？是其爲人也，上不臣于王，下不治其家，中不索交諸侯，此率民而出于無用者，何爲至今不殺乎？」

注釋 ①齊王：戰國時齊王田建。齊襄王之子，前二六四年到前二二一年在位。趙威后：趙孝成王之母，惠文王妻。惠文王卒，太后佐孝成王執政。②發：開啓。這裏指開啓信封。③恙：

原指病痛，這裏指災禍。④説：通「悦」。⑤處士：指道德和才能都很高却没有做官的隱士。⑥鍾離子：齊國隱士。⑥食：把食物拿給别人吃。⑦衣：把衣服給别人穿。⑧不業：不令其成就功業。⑨葉陽子：齊國處士。葉陽爲複姓。⑩鰥：鰥夫，年老而無妻的男子。寡：寡婦。⑪振：通「賑」，周濟。⑫息：養育。⑬北宫：複姓。嬰兒子：姓北宫名嬰兒子，齊國有名的孝女。⑭環瑱：女子裝飾用品。環，指耳環、手鐲，瑱，做耳飾的玉。⑮不朝：不朝見國君。古代有封號的女子才能上朝參見國君，這裏指齊王没有給北宫嬰兒子封號。⑯子：當作自己的子女一樣對待。⑰于陵：齊地，在今山東長山。子仲：齊國隱士。

譯文 齊王派使者問候趙威后。信件還未打開，趙威后問使者：「今年收成很好吧？百姓安樂嗎？你們大王無恙吧？」使者不太高興，説：「臣奉大王之命給您問安，您不先問候我們大王卻打聽年成、百姓的狀況，尊貴的反而居後嗎？」趙威后回答説：「話不能這樣説。如果没有收成，怎麼會有百姓？如果没有百姓，又怎麼會有國君？怎能丢掉根本而去問枝節呢？」

她接着又問：「齊國有個叫鍾離子的處士，還好吧？對有糧食的人，他讓他們有飯吃，没糧食的

人也讓他們有飯吃；有衣服的給他們衣服，没有衣服的也讓他們有衣穿。這是在幫助君王養活百姓，爲什麼至今也未做官？葉陽子還好吧？他主張憐恤鰥寡孤獨，幫助窮苦之人，這是替大王安撫百姓，爲何至今還不加以任用？北宫家的女兒嬰兒子還好嗎？她摘去首飾，至今不嫁，一心奉養雙親，是引導百姓守孝道的人啊，爲何至今未被朝廷褒獎？這樣的兩位賢士不受重用，一位孝女不被接見，齊王靠什麼治理齊國，撫恤萬民呢？于陵的子仲，他還活着吧？他在上不對君王稱臣，在下不能很好地治理家業，又不和諸侯交往，這是在引導百姓無所事事呀！齊王爲什麼至今還不殺了他呢？」

莊辛論幸臣《戰國策》

題解 楚懷王被騙到秦國，其子襄王繼位，整日荒淫享樂，莊辛勸諫不聽。莊辛逃亡到趙國，後秦軍攻下楚國國都，襄王逃到陳，派人請莊辛回國救楚。莊辛見到楚王，勸他不應祇圖享樂而荒廢國事，否則後果不堪設想。

原文 臣①聞鄙語曰：「見兔而顧犬，未爲晚也；亡羊而補牢，未爲遲也。」臣聞昔湯、武以百里昌，桀、紂以天下亡。今楚國雖小，

吴楚材、吴調侯：楚襄王寵信幸臣，而不受莊辛之言。及爲秦所破，乃徵莊辛與計事。莊辛起手極言未遲未晚是正文，以下一路層層遞接而去，俱寫遲晚也。

絕長續短，猶以數千里，豈特百里哉！

王獨不見夫蜻蛉②乎？六足四翼，飛翔乎天地之間，俛啄蚊虻而食之③，仰承甘露而飲之，自以爲無患，與人無爭也。不知夫五尺童子，方將調飴膠絲，加己乎四仞之上，而下爲螻蟻食也。

夫蜻蛉其小者也，黄雀因是以。俯噣④白粒，仰棲茂樹，鼓翅奮翼，自以爲無患，與人無爭也。不知夫公子王孫，左挾彈，右攝丸，將加己乎十仞之上，以其類⑤爲招。晝遊乎茂樹，夕調乎酸鹹，倏忽之間，墜于公子之手。

夫雀其小者也，黄鵠因是以。遊乎江海，淹乎大沼，俛噣鱔鯉，仰嚙菱衡，奮其六翮⑥，而淩清風，飄搖乎高翔，自以爲無患，與人無爭也。不知夫射者，方將脩其碆盧⑦，治其矰繳⑧，將加己乎百仞之上，被礛磻⑨，引微繳，折清風而抎⑩矣。故晝遊乎江湖，夕調乎鼎鼐⑪。

夫黄鵠其小者也，蔡靈侯⑫之事因是以。南遊乎高陂⑬，北陵乎巫山⑭，飲茹溪⑮之流，食湘波之魚，左抱幼妾，右擁嬖女，與之馳騁乎高蔡之中，而不以國家爲事。不知夫子發⑯方受命乎靈王，係己以朱絲而見之也。

吴楚材、吴調侯：至此則遲矣晚矣，今則未晚也。妙在說到此竟住，若加一語，便無餘味。

蔡靈侯之事其小者也，君王之事因是以。左州侯⑰，右夏侯，輦從鄢陵君與壽陵君，飯封祿之粟，而載方府之金，與之馳騁乎雲夢⑱之中，而不以天下國家爲事。而不知夫穰侯方受命乎秦王⑲，填黽塞⑳之內，而投己乎黽塞之外。

注釋

①臣：莊辛自稱。楚莊王的後代。②蜻蛉：蜻蜓。③俛：同「俯」。虻：一種飛蠅。

④噣：同「啄」。⑤類：一說作「頸」。⑥六翮：因爲鳥翅的主羽一般有六根，這裏代指鳥翅膀。

⑦碆：石制的箭頭。盧：黑色的弓。⑧矰繳：系有絲繩的箭。矰，射鳥的箭；繳，系箭的絲繩。

⑨礛：鋭利。磻：石箭頭。⑩抎：同「隕」，墜落。⑪鼎鼐：古代烹煮食物用的器具。鼐是一

種大鼎。⑫蔡靈侯：春秋時蔡國國君。前五三一年被楚靈王誘殺。⑬陂：山坡。⑭巫山：山名，在今四川巫山東。⑮茹溪：水名，在今四川巫山北。⑯子發：楚國令尹。⑰州侯：與下面提到的夏侯、鄢陵君、壽陵君均是楚頃襄王寵臣。⑱雲夢：楚國大澤名，在今湖北境內。⑲穰侯：秦相魏冉，封于穰（在今河南鄧縣）。秦王：指秦昭王。⑳黽塞：平靖關，在今河南信陽西南，與湖北應山接界。

譯文

我聽俗語說：「看到兔子才想到獵犬，還不算晚；在一些羊逃跑之後，修補羊圈也還不算遲。」我過去聽說湯王、武王，起初衹依靠一百多里的地方興盛；桀、紂有了天下也終要滅亡。現在楚國地方雖很小，但是截長補短，算起來還有好幾千里，何止一百里呢！

大王難道沒見過蜻蜓麼？六隻腳，四隻翼，在天地之間飛來飛去，低頭捉食蚊、虻，仰頭承飲甘露，它自己以爲沒有災難，與哪個也不相爭了。怎能想到那五尺高的小孩子，正要調好黏糖，粘在網絲上，加在它身上，將它從三丈高的地方粘下來，給螞蟻吃了。

蜻蜓的還是小事啊，黃雀也是這樣。向下啄米，向上栖息在樹上，展翅奮飛，它自己以爲沒有災難，和誰也不相爭。可是沒想到那王孫公子，左手拿着彈弓，右手按上彈丸，正把它的頸作爲彈射的目標，把它從高處射下來。白天還在樹上遊玩，晚上被人加上調料做成菜肴了。頃刻間就落到了公子手中。

黃雀的遭遇還是小事啊，天鵝也是這樣。它在江、海遨遊，在水池邊休息，低頭啄食水中的鱔、鯉，仰頭咀嚼菱角和水草，舉起它的翅膀，駕着清風，在高空中飛行，它自己以爲沒有災難，與誰都無爭。可是沒想到那射手正修理箭頭和硬弓，整治他系有生絲綫的箭，射向高空，它帶着射中的箭頭，拖着箭上的細絲繩，在清風中掉下來了。因此，白天在江湖中遨遊，晚上就放在鍋中烹調了。

天鵝的遭遇還是小事啊，蔡靈侯也是這樣。他南遊高丘，

楚襄王夢遇巫山神女

莊辛見到楚王，勸他不應只圖享樂而荒廢國事。

北登巫山，在茹溪飲馬，在湘江吃魚；他左手抱着年輕的愛妾，右手摟着心愛的美女，和她們在高蔡的路上驅車遊玩，而不把國家的安危當作正事。怎麼知道子發正從楚王那裏接受了攻打蔡國的命令，最後他自己被繩子綁住去見楚王。

蔡靈侯的遭遇還是小事啊，君王您也是這樣。左邊有州侯，右邊有夏侯，輦車後面跟着鄢陵君和壽陵君，吃着由封邑進奉來的糧食，揮霍納于國庫的錢財，和他們一起駕着車子在雲夢遊玩，而不關心天下國家的安危，沒想到穰侯從秦王那裏接受了攻打楚國的命令，出兵在黽塞之內，而把您驅逐在黽塞之外了。

觸讋說趙太后① 《戰國策》

題解　趙國孝成王年幼，趙太后執政。秦國攻趙，趙向齊求救，齊以趙太后小兒子長安君做人質為出兵交換條件。觸讋對趙太后說，要為子女長遠考慮，讓他們通過自己的努力取得成功，最終說服趙太后答應以長安君為人質換齊國出兵相救。

原文　趙太后新用事，秦急攻之。趙氏求救于齊。齊曰：「必以長安君②為質，兵乃出。」太后不肯，大臣強諫。太后明謂左右：「有復言令長安君為質者，老婦必唾其面！」

左師觸讋③願見。太后盛氣而揖之。入而徐趨，至而自謝，曰：「老臣病足，曾不能疾走，不得見久矣，竊自恕，恐太后玉體之有所郄④也，故願望見。」太后曰：「老婦恃輦而行。」曰：「日食飲得無衰乎？」曰：「恃鬻耳。」曰：「老臣今者殊不欲食，乃自強步，日三四里，少益嗜食，和于身。」曰：「老婦不能。」太后之色少解。

左師公曰：「老臣賤息⑤舒祺，最少，不肖，而臣衰，竊愛憐之，願令補黑衣⑥之數，以衛王宮。沒死以聞。」太后曰：「敬諾。年幾何矣？」對曰：「十五歲矣。雖少，願及未填溝壑而托之。」太后曰：「丈夫亦愛憐其少子乎？」對曰：「甚于婦人。」太后曰：「婦人異甚。」對曰：「老臣竊以為媼之愛燕后⑦，賢于長安君。」曰：「君過

吳楚材、吳調侯：許多事情，三四語敘完，此妙于用簡。下祇一事，連篇說不盡，又妙于用繁。

吴楚材、吴調侯：直説出長安君矣。却又説太后愛之不如燕后。若不爲長安君者，妙想。

矣，不若長安君之甚！」左師公曰：「父母之愛子，則爲之計深遠。媼之送燕后也，持其踵，爲之泣，念悲其遠也，亦哀之矣。已行，非弗思也，祭祀必祝之，祝曰：『必勿使反。』豈非計久長有子孫相繼爲王也哉？」太后曰：「然。」

左師公曰：「今三世以前，至于趙之爲趙，趙王之子孫侯者，其繼有在者乎？」曰：「無有。」曰：「微獨趙，諸侯有在者乎？」曰：「老婦不聞也。」「此其近者禍及身，遠者及其子孫。豈人主之子孫則必不善哉！位尊而無功，奉厚而無勞，而挾重器多也。今媼尊長安君之位，而封以膏腴之地，多予之重器，而不及今令有功于國；一旦山陵崩，長安君何以自托于趙？老臣以媼爲長安君計短也，故以爲其愛不若燕后。」太后曰：「諾，恣君之所使之。」于是爲長安君約車百乘，質于齊，齊兵乃出。

子義⑧聞之曰：「人主之子也，骨肉之親也，猶不能恃無功之尊，無勞之奉，以守金玉之重也，而况人臣乎！」

吴楚材、吴調侯：通篇瑣碎之筆，臨了忽作曼聲，讀之無限感慨。

注釋 ①趙太后：趙威后，趙惠文王妻。②長安君：趙威后幼子的封號。③觸讋：趙國的左師。④郄：疲勞。⑤賤息：對人謙稱自己的兒子。⑥黑衣：指宫廷衛士。⑦媼：對老年婦女的尊稱。燕后：趙威后嫁與燕王的女兒。⑧子義：趙國賢士。

譯文 趙太后剛剛開始主事，秦國加緊攻趙。趙太后向齊國求助。齊國説：「一定要長安君做人質，就出兵。」太后不肯，大臣們極力勸説。太后公開對身邊的人説：「再有説讓長安君做人質的，我必定當面啐他。」

左師觸讋求見。太后氣衝衝地接見他。觸讋進入後緩步上前，來到太后面前自動謝罪，説：「老臣的腳有毛病，不能走快，很久沒有來見您了，私下自己原諒自己，但是擔心太后的玉體不舒服，所以希望看望太后。」太后説：「我靠車走動。」觸讋説：「每天的飲食不會減少吧？」太后説：「衹吃粥。」觸讋説：「老臣最近特别沒有食欲，就強迫自己散步，每天走三四里，稍微增進點食欲，使身體

舒適了些。」太后說：「我做不到。」太后的臉色稍微緩解了些。

左師公說：「老臣的兒子舒祺，是最小的兒子，沒出息；但是我衰老了，私下非常憐愛他，希望讓他能夠成爲宮廷的一名衛士，來保衛王宮。我冒死來跟您說。」太后說：「好吧。多大年紀了？」觸讋答道：「十五歲了。雖然年幼，我希望在死前把他托付給您。」太后說：「男人也心疼他的小兒子嗎？」觸讋說：「比女人更厲害。」太后笑道：「女人更厲害。」觸讋說：「老臣私自以爲太后對燕后的疼愛，比長安君更多些。」太后說：「您錯了，不如對長安君那麼疼愛！」左師公說：「父母愛子女，要爲他們長遠考慮。您送燕后時，拉着她的腳哭泣，惦念感傷她的遠去，也是愛她啊。已經走了，不是不想念啊，每當祭祀的時候必定爲她祝福，禱告說：『千萬不能被趕回來。』難道不是長遠謀劃，希望她有子孫世代做君王嗎？」太后說：「是。」

左師公說：「從現在推到三代之前，甚至趙建國時，趙王的子孫被封爲侯的，他們的後代還有相繼爲侯的嗎？」太后說：「沒有。」觸讋說：「不衹是趙國，其他諸侯國有相繼爲侯的嗎？」太后說：「老婦沒有聽說過。」左師公說：「這些人近的禍及自身，遠的累及子孫。難道是國君的子孫就必定不好嗎！衹因他們地位尊貴卻毫無功勛，俸祿優厚卻沒有功勞，但是擁有的財寶卻很多。如今您使長安君的地位尊貴，並封給他豐腴的邑地，給他很多財寶，卻不在現在讓他爲國立功，一旦您不在了，長安君憑借什麼自存于趙國呢？老臣覺得您爲長安君考慮的是短期，所以認爲您對他的疼愛比不上對燕后的疼愛。」太后說：「好吧，任憑您怎樣指派他。」于是爲長安君準備百輛馬車，送他到齊國爲人質，齊國就出兵了。

子儀聽說這事，說：「國君的子女，是骨肉之親，也不能憑借沒有功勛的尊貴、沒有勞績的俸祿，來擁有貴重的金玉，更何況做臣子的呢？」

